U0129147

海南文獻叢刊·綜傳二

海南文化人

王　會　均　著

文史哲出版社印行

國家圖書館出版品預行編目資料

海南文化人 / 王會均著. -- 初版 -- 臺北市：
文史哲, 民 102.04
　　頁；　公分 --（海南文獻叢刊；9）
　　ISBN 978-986-314-103-7（平裝）

1. 傳記　2. 海南省

782.637　　　　　　　　　　　102006213

海南文獻叢刊　　9

海 南 文 化 人

著　　　者：王　　　會　　　均
出　版　者：文　史　哲　出　版　社
　　　　　　http://www.lapen.com.tw
　　　　　　e-mail：lapen@ms74.hinet.net
登記證字號：行政院新聞局版臺業字五三三七號
發　行　人：彭　　　正　　　雄
發　行　所：文　史　哲　出　版　社
印　刷　者：文　史　哲　出　版　社
　　　　　　臺北市羅斯福路一段七十二巷四號
　　　　　　郵政劃撥帳號：一六一八○一七五
　　　　　　電話886-2-23511028・傳真886-2-23965656

定價新臺幣四五○元

中 華 民 國 一 ○ 二 年 （2013） 四 月 初 版

海南文獻叢刊

王會均編纂

吳大猷題

II　海南文化人

海南文獻叢刊龔序

　　海南（舊名瓊崖）孤懸海外，爲我國南疆國防之重要屏障，世人固知之諗矣，而其礦藏之豐富，土壤之膏沃，教育之普及，民俗之淳厚等等，則鮮爲世悉。鼎革以還，南中及國內各界名流，曾聯名條陳建省，北伐統一，鄉人宋子文陳策諸人復大力倡議開發，喧騰一時，遂爲世所矚目，因而私人旅遊觀光者有之，組隊探究考察者有之，建教機構之提綱調查，專業團體之特定撰述，林林總總，不一而足，撰述之項目雖殊，開發之主張則一，其受各方人士之重視，已可概見，而珠璣文章，亦可列爲地方文獻而無愧。

　　緬維吾人有維護文獻之義務，尤有發揚光大之責任，民初之際，海口海南書局曾收集邱文莊海忠介二公與諸前賢之學術著作從政書疏與文稿，都三十餘種，編印爲海南叢書行世，此舉對顯彰前賢，啓迪後學，與夫保存文獻各方面，厥功其偉，惜乎連年兵燹，多遭戰火而燬失，今能倖存者，想已無幾矣。

　　本邑王君會均，青年有爲，對於方志典籍以及地方文獻
等卷帙，搜存尤爲用心，前曾刊行海南文獻簡介一書，甚得
佳評，今特將多年收藏之四百餘種有關海南文獻典籍中，擇
其精要，作有系統之整理，編成「海南文獻叢刊」，而將次
第印行，冀保文獻於久遠，作開發之津梁，復可供邦人君子
暨中外學者作研究海南種種問題之參考，一舉數得亦可免珠
沉滄海，玉蘊深山而不得用世焉。

龔少俠 中華民國七十五年（1986）
丙寅十二月行憲紀念日

海南文化人

目　　次

書《海南文化人》成

　　海南文化，乃嶺南（亦稱：百粵，或曰：百越）文化支系，屬中原文化大宗。歷史悠久，源長流遠，淵博深厚，美哉！盛哉！

　　海南為中國極南端最大島，孤懸海中鮮有人知。在漢武帝元封元年（110B.C）辛未，設珠崖、儋耳二郡、置十六縣，進入中國版圖。於是「內地化」逐漸起步，並與「土著化」同時並存。

　　海南乃邊陲之海島，時稱「蠻荒」之地，成為放逐政敵與罪犯場所。致使「內地化」歷程艱辛卓絕，唯其成績亦非常驚人。

　　夫「內地化」者，係指中國邊陲地區的原始文化（土著化），逐漸移植中原文化（內地化）過程。其條件（蘇雲峰〈海南之內地化〉一文）有三，如次：

　　一、政治上必須歸入中國版圖，接受中央政權之直接或間接管轄。

　　二、中原漢族移民增加，使人口結構發生變化。由於民族間通婚，產生血脈交流。

　　三、中原文化之移植、傳播，必須發生落地生根作用，俾有開花結果。

　　海南的原住民爲黎族，大約在殷商之際，亦就是距今二千八百餘年前，已由東南沿海地區遷入海南，歷經七、八百年的蕃衍，人數亦甚可觀矣。

　　海南雖於漢武帝時（110B.C），進入中國版圖，直至唐代（618～907），其間近二千年，中央對海南統治，並非鞏固安定。迄清代以前（1644），一直被認爲「蠻荒」之地，乃中央政府放逐政敵及罪犯的場所而已。

　　由於中原政權，屢受北方異族侵凌崩潰，或改朝換代時際，諸如：「五胡亂華」（318年）之後，唐末「五代之亂」（907～959年），南宋時期（1127～1279年），暨元末明初（1360～1390年）期間，漢族大群移民潮湧入海南避難。由於漢族人口不斷增加，自然發生「中原文化」之移植、傳播作用，亦是海南「內地化」指針。

　　迨宋代（960～1279年），於海南始有效的統治，並建立教育制度，發展文化。在文化上，海南「內地化」，顯然非常成功，亦有驚人成果，而奠定了堅固基礎。

　　然「中原文化」輸入海南（內地化、漢化），更具體地說，海南之有文化，誰扮演其重要角色，大都認知與蘇軾（東坡）有關，唯據史料紀事，顯與史實紀載不符。諸如：

　　唐太宗貞觀末年（649）己酉，王義方被貶爲珠崖吉安（今儋州市）縣丞，於縣治所「召諸首領，集生徒，親爲講經，行釋奠之禮。」是中原文化在海南開講傳授之最早紀錄。參見《道光　瓊州府志》（名宦），暨《民國　儋縣志》（宦績），皆有詳載。

　　宋仁宗慶曆四年（1044）甲申，設立瓊州府學，暨儋州

學之後，教育逐漸發展，海南士子應科舉考試，培育（產生）第一代生員。於宋哲宗紹聖四年（1097）丁丑，蘇東坡入瓊之初，已見海南「衣冠禮樂，斑斑然矣。」及定居儋耳（今儋州市），時與儋人：青年諸生、生員與老書生唱游。甚至有位生員（姜唐佐），遠從瓊州（今海口市瓊山區）來儋，隨蘇東坡遊學半載，在蘇氏離瓊三年後，於宋徽宗崇寧二年（1103）癸未科鄉試中式，成為海南第一位舉人。在宋大觀三年（1109）己丑科，又出了第一位進士（符確，昌化人）。

於是顯示，在蘇東坡來瓊前五十年間，中原文化已在海南（人稱：蠻荒之地）生根，而離瓊後又快速成長。內中官師、流寓、謫臣，暨落籍的北方大族，對海南「內地化」，都有莫大貢獻耶。

海南寶島，山明水秀，地靈人傑，人文薈萃，科舉迭起，賢才輩出，代有傳人。據史書、府志、州縣志記載，綜合統計、分析，說明如次：

宋代（1044～1271）進士十二名、舉人二十二名（詳見《道光　瓊州府志》卷二十六·選舉志二）。

按蘇雲峰〈宋代的海南教育〉（表三·宋代海南舉人及進士題名錄）作：進士十三名、舉人二十三名。補加：姜唐佐（蘇轍稱為進士）、陳漢臣（省試解元，胡銓最為稱道者）二人，道光《府志》無載。

王俞春《海南進士傳略》作：宋代進士十六名，增加陳孚、姜唐佐、鄭志灝、鄭美器四人。

彭元藻《民國　儋縣志》（卷十三·選舉志三·文舉）載：宋代舉人：陳適、唐統、唐紹、陳雷發四名（於清《道

光　瓊州府志》未載）。

　　元代（1280～1367）僅出舉人二名。

　　明代（1384～1642）進士六十二名，舉人六〇〇名。成績最爲輝煌，殊爲世人驚奇。

　　按王俞春《海南進士傳略》作：明代進士六十三名（內文爲六十四人），其中周賓、鄺杰二人，在《明清進士題名碑錄索引》（查無名籍），暨清《道光　瓊州府志》（卷二六・選舉志二・進士）皆無載。

　　清代（1660～1909）進士三十一名，舉人二〇三名。

　　綜合計之，海南登進士一〇五名，中舉人八二七名。於是顯見，中原文化，在海南非常成功地移植、傳播，暨生根、萌芽、茂壯，並開花、結實的明證。

　　余生在海南（樂會縣陽江鄉大良村），成長在臺灣（完成大學教育，任公職退休）。時念海南鄉土教育，暨文化永續發展，特蒐集彙整海南史料，專事海南文史著作，其《海南文獻叢刊》相續梓刊，將於民國一〇七年（2018）完成，計二十五種、共二十六冊。

　　余於耄耋之年，益感歲月如梭，海南著作未完，鄉土責任未了。故仍孜孜不倦，面對時光挑戰，超越自我極限，書《海南文化人》，以示不敢惑忘。期待邦人士子，暨各相關官員，重視海南文化，振興鄉土教育，永續先賢遺志焉。

　　美哉盛哉！天佑海南，福報鄉人，吾願足矣！

中華民國一〇一年（2012）壬辰十二月四日
臺北市：海南文獻史料研究室

卷之一　宗　師

本（宗師）卷，計收二篇，約四萬餘言。其中：

一為〈白玉蟾：哲人・道宗〉，原題名〈哲人・道宗・文學家：白玉蟾及其著作綜錄〉，於《廣東文獻》（季刊），第三十三卷・第一期（頁 13～21）、第二期（頁 35～44）發表。並收在《白玉蟾真人評介集》（頁 304～332），暨《白玉蟾與海南道教研究文集》（頁 272～292），題名皆作〈宋白玉蟾著作綜錄〉。

一為〈丘濬：一代宗師〉，原題名〈南溟奇甸・布衣鄉相〉（明賢丘濬研究），係「丘濬海瑞學術研討會」論文，並收在《丘濬海瑞學術研討會論文選集》（頁 278～308），暨《丘濬海瑞評介集》（頁 197～230）。

於今略作修補校正，列《海南文化人》（卷之一），以彰顯先賢懿德幽光，激勵後世之人，見賢思齊。美哉！盛哉！

白玉蟾：哲人・道宗

～白玉蟾及其著作～

提 要

白玉蟾真人，本名：葛長庚，海南瓊山（一說：澄邁）人。乃南宋最富有文學與藝術天才道宗（南宗五世祖），天資聰敏絕倫，幼能詩賦，背誦九經，長而勤奮苦讀，博洽儒書，窮究禪理，精研道學，貫通三氏「儒、釋、道」（哲人）。因係道宗，崇尚道學，遭受貶黜，未能與蘇（軾）、朱（熹）齊名，誠屬憾惜。

緣自元初，由於釋、道激化與紛爭，道教漸趨式微，道藏乏人問津。尤以明清兩代，近五百五十年來，「儒家在政治上取得絕對優勢與庇護，主政者尊儒崇佛而抑道，道家著作被遭歧視，致使當時名顯滿天下之白真人，遂為後世之人所遺忘矣。

本文係從資訊科學（書目）角度（屬個人著作書目性質），以國家圖書館、中央研究院，暨日本、中國、香港公藏板為論旨範疇，就南宋白玉蟾真人著作相關資料，依四部分類法，

逐部析論，並作系統化排序。於文中各書所著款目，依書名
（卷數）、著（編、輯）者、年代、刻本、叢書注、案語、
庋藏者（索書號）之序，分別著述，以供方家查考。

　　關鍵詞：葛長庚　白玉蟾　白真人　道教　海南

一、引　言

　　白玉蟾（1134～1229）真人，本姓葛、諱長庚，廣東省
瓊州府（今海南省）瓊山縣五原都顯屋村（一說係澄邁縣老
城東市，原香山地，今佃讀村）人。於南宋高宗紹興四年（甲
寅）三月十五日生，迨宋理宗紹定二年（己丑）多解化於旴
江（今江西省臨川江，即古旴水），享壽九十有六歲（海瓊
玉蟾先生事跡）。

　　宋白真人（玉蟾），非但是著名藝術家、文學家，亦係
哲學家、道學家，乃南宋最富有文學及藝術天才道宗，同時
亦係海南先賢中，一位博洽群書、精研道學，窮究哲理，貫
通三氏（儒、釋、道）哲人（宗師），其「刻苦自學」風範，
暨「濟人救世」精神，更足以為後世之人矜式與垂範矣。

　　白玉蟾（本名：葛長庚），天資聰敏絕倫，幼能詩賦，
背誦九經，文思汪洋，頃刻千言。長而博洽儒書，究晰禪理，
出言成章，文不加點，隨身無片紙，落筆滿四方（三才圖會、
古今圖書集成：氏族典・明倫彙編、佩文齋書畫譜、嶺南畫
徵略）。

二、著　作

　　白玉蟾，藝文素養，意境殊高，其著述極富（舊編散佚，多爲後人纂輯，廣傳於世）。於文中各書著錄款目，依次：書名（卷數）、著（編、輯）者、知見書目、刊本（叢書注）、庋藏者（冊數、書號）、案語之序。就其知見藏板，概依「四部分類法」，計分：經、子、集、藝四部，臚著於次，以供學者專家，暨邦人士子查考。

（一）經部：計八種，十七刊板

《上方鈞天演範眞經》一卷　　　南宋・白玉蟾著
　　民國十二年（1923）至十五年（1926）刊本
　　　臺灣：中央研究院傅斯年圖書館

《太上老君說常清靜經注》一卷　　　葛長庚・分章正誤
　　重刊道藏輯本　　日本：東方文化研究所
　　民國五十四年（1965）　藝文印書館　影印本
　　　臺灣：國家圖書館・善本書庫：004・9
　　　　　　　　　　　　　　　嚴 5021-0728

《太上老君說常清靜經注》一卷　　　宋・白玉蟾・正誤
　　　　　　　　　　　　　　　元・王元暉注
　　民國十二年（1923）至十五年（1926）刊本
　　　臺灣：中央研究院傅斯年圖書館

《清靜經註》一卷　　　海南瓊琯子白玉蟾・分章正誤

終南隱微子王元暉註

民國七十四年（1985）新文豐出版公司　影印本
臺灣：中央研究院傅斯年圖書館

《太上老君說常清靜經注》　宋・白玉蟾・分章正誤
元・王元暉注　關山閑人點校

一九九五年（大陸版）影刊本
臺灣：中央研究院傅斯年圖書館

《九天應元雷聲普化天尊玉樞寶經集註》 二卷
宋・葛長庚注　（亦作：白玉蟾註）

道藏輯要（第五〇冊）本
臺灣：中央研究院傅斯年圖書館：231　508・1

重刊道藏輯要本　日本：東方文化研究所

民國十二年（1923）至十五年（1926）刊本
臺灣：中央研究院傅斯年圖書館

民國五十四年（1965）　藝文印書館　影印本
臺灣：國家圖書館・善本書庫：004・9
嚴 5021～0099

民國七十四年（1985）　新文豐出版公司　影印本
臺灣：中央研究院傅斯年圖書館

《金華沖碧丹經秘旨》 二卷　傳一卷
宋・白玉蟾授（亦作：葛長庚）
宋・彭　耜受

道藏輯要（第五九二冊）本
臺灣：中央研究院傅斯年圖書館：231　508・1

重刊道藏輯要本　日本：東方文化研究所

　　民國十二年（1923）至十五年（1926）刊本
　　　臺灣：中央研究院傅斯年圖書館
　　民國五十四年（1965）　藝文印書館　影印本
　　　臺灣：國家圖書館・善本書庫：004・9
　　　　　　　　　　　　　　　　嚴5021～0925
　　民國七十四年（1985）　新文豐出版公司　影印本
　　　臺灣：中央研究院傅斯年圖書館
《道德經寶章註》（不分卷）　　宋・白玉蟾註
　　（中國子學名著集珍本初編・第四八冊）
　　民國六十七年（1978）中國子學名著集珍本
　　　臺灣：中央研究院傅斯年圖書館：120・8877
　　　國立故宮博物院圖書文獻館

（二）子部：計三〇種、六十三刊板

《道德寶章》一卷　宋・葛長庚著（亦作・白玉蟾）
　　清・永　瑢《四庫全書總目提要》（子部）：是書乃
白真人代表作，計分八〇章，內容涉及儒、釋、道。主張
大道以無心爲體，忘我爲用，柔物爲本，清靜爲基，薄滋
味以養氣，去瞋怒以養性，處卑下以善德，守清靜以養道。
　　楊家駱《四庫大辭典》（頁六五五）：是書隨文標識，
不訓詁字句，亦不旁爲推闡，所註乃少於本經，語意多近
於禪偈，蓋佛老同源故也。秘笈本、影刊趙孟頫寫本、白
雲觀影宋本。道家
　　元・趙孟頫寫本　　日本：靜嘉堂文庫　一冊

明摹刊元趙孟頫手寫本

　　臺灣：國家圖書館‧善本書庫：312　09049

明萬曆間繡水沈氏尙白齋刊本

案：明萬曆間（1573～1620）計四十七年

　　臺灣：國家圖書館‧善本書庫：312‧2　15308～0067

明寶顏堂秘笈本（陳繼儒寶顏堂訂正本）

　　日本：東方文化研究所

　　　　　靜嘉堂文庫　尊經閣文庫

民國五十四年（1965）　藝文印書館　影秘笈本

　　臺灣：國立臺灣大學圖書館

清文淵閣四庫全書本

　　臺灣：國立故宮博物院圖書文獻館

民國七十二年（1983）至七十五年（1986）　臺北市

臺灣商務印書館　影四庫全書本

　　（四庫全書‧第一〇五五冊）

　　臺灣：各大圖書館暨文教機構（圖書館）

《道德寶章》一卷　　　宋‧葛長庚

無求備齋孝子集成初編（第四十五冊）本

　　臺灣：中央研究院傅斯年圖書館

《道德寶章》一卷　　　周‧李　耳原著　　　宋‧白玉蟾註

　　　　　　　　　明‧陳繼儒　陳詩教校

民國五十四年（1965）　藝文印書館　影印本

　　臺灣：中央研究院傅斯年圖書館

《道德寶章》一卷　　　宋‧葛長庚

民國五十四年（1965）　藝文印書館　影印本

　　　臺灣：國家圖書館：R 312・2　4581/21636-0041

　　　　　國立故宮博物院圖書文獻館

　　民國五十四年（1965）　藝文印書館　影印本

　　（百部叢書集成初編影印本）

　　　臺灣：國家圖書館：312・1　4447/21502-0060

　　民國六十九年（1980）　新文豐出版公司　影印本

　　　臺灣：國家圖書館・善本書庫：312・1　4261/21316

　　民國七十二年（1983）影刊本

　　一九九二年（中國刊版）影印本

　　　臺灣：中央研究院傅斯年圖書館

《道德寶庫》一卷　　　宋・葛長庚

　　　又名：《蟾仙解老》（一卷）

　　民國五十四年（1965）　藝文印書館　影印本

　　　臺灣：中央研究院傅斯年圖書館

《蟾仙解老》一卷　　　宋・白玉蟾註

　　　一名：《道德寶章》一卷　　　宋・葛長庚註

　　明寶顏堂秘笈（第五函・彙集・第三十四冊）本

　　　臺灣：中央研究院傅斯年圖書館：081・3440

　　　日本：尊經閣文庫　　　東方文化研究所

　　民國十一年（1922）　上海文明書局　石印本

　　　臺灣：中央研究院傅斯年圖書館

　　　　　　國家圖書館：312・1　6442/23497-0163

　　民國五十四年（1965）　藝文印書館　影印本

　　（百部叢書集成初編本）

　　　臺灣：國家圖書館：R 312・8　4713/21768-0060

民國六十九年（1980）　新文豐出版公司　影印本

　　臺灣：國家圖書館・善本書庫：004・9

　　　　　　　　　　　　　　嚴 0181

民國七十四年（1985）　新文豐出版公司　影印本

　　臺灣：國立故宮博物院圖書文獻館

　　　　中央研究院傅斯年圖書館

一九八五年（中國刊版）影印本

　　臺灣：中央研究院傅斯年圖書館

《蟾仙解老》　宋・紫清真人白玉蟾註　明・陳繼儒校

一九九二年（中國刊版）影印本

　　臺灣：中央研究院傅斯年圖書館

《太上道德寶章翼》 二卷　　白玉蟾

清・賀龍讓輯《道藏輯要》二九種、續編三七種、附女丹合編一六種。　　（道藏輯要之一・正乙部）

清光緒三十二年（1906）成都二仙菴刊本

　　臺灣：國家圖書館藏：六〇冊

　　廣東省立圖書館《圖書目錄》著錄

《太上道德寶章翼》 二卷　　宋・白玉蟾（葛長庚）章句

　　　　　　　　　　　　　　明・程以寧闡疏

民國五十四年（1965）　藝文印書館　影印本

　　臺灣：中央研究院傅斯年圖書館

　　　　國家圖書館：R 312・2　4581/21636-0099

一九九二年（中國刊版）影印本

　　臺灣：中央研究院傅斯年圖書館

《道德寶章注》 一卷　　宋・葛長庚注　亦作：白玉蟾

案：原集附刻，其中元時，有趙孟頫寫本，最為精妙，
　　近墨梅樓有影本。

翻元刊本　（丁　丙《善本書室藏書志》著錄）

明刊本（元‧趙子昂書）半葉六行十二字　一冊

　　　國立中央圖書館《善本書目》（增訂本）著錄

　　　瞿　鏞《鐵琴銅劍樓藏書目錄》著錄

明刊本（陸時化跋）一冊

　　　北京圖書館《善本書目》（1959 年）著錄

《地元眞訣》一卷　　宋‧葛長庚（亦作：白玉蟾）

　　明刊本（道言‧第六冊）

　　　日本：內閣文庫　一冊

　　舊鈔本（一化元宗之一）

　　明‧高時明編《一化元宗》四十六卷‧二十四冊

　　　臺灣：國家圖書館‧善本書庫：261　09241-0021

　　一九九二年（中國刊版）影印本

　　　臺灣：中央研究院傅斯年圖書館

《謝張紫陽眞人書》一卷　　葛長庚　亦作：白玉蟾

　　舊鈔本（一化元宗之一）

　　　臺灣：國家圖書館‧善本書庫：261　09241-0014

《海瓊白眞人語錄》四卷　　宋‧白玉蟾述　謝顯道編

　　　　（道藏輯要之一‧正乙部）

　　清光緒三十二年（1906）成都二仙菴刊本

　　　臺灣：國立中央圖書館（今名：國家圖書館）

《海瓊白眞人語錄》四卷　　宋‧白玉蟾述　謝顯道編

　　清‧道藏輯要（第一〇一六冊）本

臺灣：中央研究院傅斯年圖書館：223　508・1

《海瓊白眞君語錄》一卷　　宋・葛長庚

重刊道藏輯要本

日本：東方文化研究所

《海瓊白眞人語錄》四卷　　宋・白玉蟾述　謝顯道編

民國十二（1923）至十五年（1926）刊本

臺灣：中央研究院傅斯年圖書館

民國五十四年（1965）　藝文印書館　影印本

臺灣：國家圖書館・善本書庫：004・9

嚴 5021-1304

民國七十四年（1985）新文豐出版公司　影印本

臺灣：中央研究院傅斯年圖書館

《海瓊問道集》一卷　　宋・白玉蟾述　留元長輯

（道藏輯要之一・正乙部）

清光緒三十二年（1906）成都二仙菴刊本

臺灣：國立中央圖書館（今名：國家圖書館）

《海瓊問道集》一卷　　宋・白玉蟾撰

清・道藏輯要（第一〇一六冊）本

臺灣：中央研究院傅斯年圖書館：223　508・1

重刊道藏輯要本（作：宋・葛長庚）

日本：東方文化研究所

民國十二年（1923）至十五年（1926）刊本

臺灣：中央研究院傅斯年圖書館

民國五十四年（1965）　藝文印書館　影印本

臺灣：國家圖書館・善本書庫：004・9

嚴 5021-1305

民國七十四年（1985）　新文豐出版公司　影印本

　　臺灣：中央研究院傅斯年圖書館

一九九八年（中國刊版）影印本

　　臺灣：中央研究院傅斯年圖書館

《瓊琯眞人集》　　宋・葛長庚

　　（道藏輯要之一・正乙部）

重刊道藏要本　　日本：東方文化研究所

《金液還丹印證圖詩》一卷　　宋・白玉蟾

　　（道藏輯要之一・正乙部）

清光緒三十二年（1906）成都二仙菴刊本

　　廣東省立圖書館《圖書目錄》著錄

《海瓊全集》六卷　　宋・白玉蟾

　　（道藏輯要之一・正乙部）

　　黃蔭普《廣東文獻書目知見錄》（頁一二四）

　　著錄：日本「東文」、廣州「廣省」、「廣中」藏

《紫清指元集》二卷　　宋・白玉蟾

　（道貫真源）　上海圖書館《中國叢書綜錄》著錄

《紫清指元集》一卷　　宋・白玉蟾

　（道藏精華錄）　廣東省立圖書館《圖書目錄》著錄

《紫清指元集》　　宋・白玉蟾述　清・董德寧輯

民國七十九年（1990）刊本

一九八九年（中國刊版）影印本

　　臺灣：中央研究院傅斯年圖書館

《白先生雜著指玄篇》八卷　　**《白先生金丹圖》**二卷

　　　　　　　　　宋‧葛長庚

　　元勤有書堂刊本　　日本：內閣文庫　一冊

《白先生雜著指玄篇》八卷　　宋‧白玉蟾

　　　（修真十書‧第四冊）

　　　明‧不著編人《修真十書》五十三卷　十冊

　　　　臺灣：國立中央圖書館：487

　　　明藍格舊鈔本（近人沈曾植手書題記）　一冊

　　　　臺灣：國家圖書館‧善本書庫：261　09240-0004

　　　《諸真玄奧集成》有錄

《指玄篇》　　宋‧白玉蟾

　　　一九九二年（中國刊版）影印本

　　　　臺灣：中央研究院傅斯年圖書館

《前快活歌‧後快活歌‧大道歌‧水調歌頭‧醉江月‧五言古詞》　　宋‧葛長庚

　　　（道言‧第三冊）

　　　明刊本　　日本：內閣文庫　一冊

《大道歌》　　宋‧白玉蟾

　　舊鈔本

　　　　臺灣：國家圖書館‧善本書庫：261　09241-0037

《海瓊傳道集》一卷　　宋‧白玉蟾　洪知常集

　　　（一化元宗之一）

　　　楊家駱《四庫大辭典》（頁六四八）：舊本題廬山太平興國宮道士洪知常集，其書稱白玉蟾所傳。凡二篇，一曰金丹捷徑，一曰鉤鎖連環經，文詞鄙倍，殆村野黃冠所依託。道家存

明舊鈔本　一冊
　　臺灣：國家圖書館・善本書庫：484
明刊九行本　一冊
　　臺灣：國立故宮博物院：422
道藏輯要（第一〇一七冊）本
　　臺灣：中央研究院傅斯年圖書館：231　　508・1
民國十二年（1923）至十五年（1926）刊本
　　臺灣：中央研究院傅斯年圖書館
民國七十四年（1985）　新文豐出版公司　影印本
　　臺灣：中央研究院傅斯年圖書館

《兩山墨談》　　宋・白玉蟾註
民國二十五年（1936）六月　上海市商務印書館
乙冊　19公分（二十五開本）
　　（叢書集成初編　第三三一冊）
　　臺灣：國防部圖書館：083・3/102　V.321

（三）集部：計四十四種、六十三刊板

《宋白真人玉蟾全集》　　宋・白玉蟾
　　臺北市「宋白真人玉蟾全集輯印委員會」（主任委員：王夢雲），根據東海大學圖書館藏《道藏輯要》、國立成功大學圖書館藏《重編道藏輯要》（正乙部、洞真部、武夷山志）、國立中央圖書館（今名：國家圖書館）藏《趙孟頫（子昂）親書紫清真人白玉蟾註章句道德經》、香港中山圖書館藏〈白玉蟾傳略〉、香港道教會馮天心先生影

贈〈白真人羽衣龍髯道像〉、以及《瓊山縣志》等相關文獻資料，編輯出版（精裝乙冊、十六開本）、廣事流傳，卑供研究參考。

民國六十五年（1976）影印本

臺灣：國立中央圖書館臺灣分館：230‧88/2615

國家圖書館　　　　國立臺灣大學圖書館

國立故宮博物院　　中研院傅斯年圖書館

《海瓊白玉蟾先生文集》四十卷　　宋‧彭　耜輯

本文集係彭　耜，手自纂集，又親為審訂，並以諸賢詩文錄於篇末，凡四十卷。荷清湘史君紫元留兄，偕諸同志，喜其成書，相與鋟梓，有文林郎新鎮南軍節度推官潘牧作敘（參見明‧黃　佐《廣東通志》、王國憲《瓊山縣志》藝文志）。

宋端平三年（1236）丙申（潘牧序）刊本　佚

《重校海瓊玉蟾先生集》八卷　附錄一卷　　宋‧白玉蟾

王國憲《瓊山縣志》（卷之二十‧藝文志）：南極遐齡老人臞仙（朱　權）重新校正本，敘而刻於正統壬戌孟秋月一日。

明正統七年（1442）刊本　佚

《海瓊白玉蟾先生文集》六卷　續集二卷　附錄一卷

宋‧葛長庚

明正統七年（1442）刊本（甘鵬雲跋）

中國：北京圖書館（今名：國家圖書館）

十二冊　續集卷二，配甘世思鈔本

《海瓊白玉蟾先生文集》六卷　續集二卷　　宋‧葛長庚

　　明弘治年間（年次未詳）刊本

　　　　清・繆荃孫《藝風藏書記・續記》著藏

　　明金閶世裕堂刊本

　　　　中國：上海圖書館

　　　　黃蔭普《廣東文獻書目見知錄》（頁一三四）著錄

《海瓊玉先生文集》六卷　續集二卷　　宋・葛長庚

　　明正統七年（1442）蘇州陳氏熹取齋刊本

　　　　中國：廣東中山圖書館　十冊

　　　　莫伯驥《五十萬卷書樓藏書目錄初編》、鄧邦述《群碧樓善本書目》、張鈞衡《適園藏書志》，皆有著錄（參見黃蔭普《廣東文獻書目知見錄》頁一三三）

　　明萬曆間（年次未詳）刊本

　　　　美國：國會圖書館　十六冊

　　　　臺灣：中央研究院傅斯年圖書館　八冊

　　明刊本

　　　　日本：靜嘉堂文庫　八冊

　　　　鄧邦述《群碧樓善本書目》、鄭振鐸《西諦書目》著錄（見黃蔭普《廣東文獻書目知見錄》頁一三四）

《海瓊玉蟾先生文集》六卷　續集一卷　　宋・葛長庚

　　明刊本　　瞿　鏞《鐵琴銅劍樓藏書目錄》有錄

《海瓊玉蟾先生文集》五卷　序目一卷

　　　　　　　　宋・葛長庚　　明・朱　權編

　　明正統七年（1442）寧潘精刊本

　　　　中國：杭州大學圖書館　十冊

《海瓊玉蟾先生文集》六卷　續集二卷

宋・葛長庚　　明・朱　權編

明新安劉懋賢等校刊本

臺灣：國家圖書館・善本書庫：269　10658

明萬曆間（1573～1620）新安汪氏刊本

臺灣：國家圖書館・善本書庫：403・1　13878-0022

（明・汪士賢《漢魏名家》之一）

《海瓊玉蟾先生文集》六卷　續集二卷　　宋・葛長庚

又名《白玉蟾文集》

明刊本（何繼高等校）

日本：內閣文庫　七冊

《白玉蟾文集》六卷　續集二卷

宋・葛長庚　明・朱　權編

臺灣：中央研究院傅斯年圖書館

《瓊山道人集》三卷　　宋・葛長庚

（兩宋名賢小集之一）

按《兩宋名賢小集》一百十一卷、二十四冊。係宋・陳　思編，元・陳世隆補編，近人鄧邦述過錄，清・鮑延博、勞權二家校語及跋，並手書題記。

舊鈔本　　國立中央圖書館（1286）　一冊

臺灣：國家圖書館・善本書庫：403・12151 14222-0055

《瓊琯白先生集》十卷　　宋・白玉蟾

明刊本　　國立臺灣大學圖書館（41）　一冊

《新刻瓊琯白先生集》十二卷　　宋・葛長庚

明萬曆二十二年（1594）刊本（林有聲校）

日本：內閣文庫　尊經閣文庫（六冊）

　　　　臺灣：國立臺灣大學圖書館：善本書、微縮片

《新刻瓊琯白先生集》十四卷　　宋・葛長庚

　　　　又名《瓊琯白真人文集》

　　明劉氏安正堂刊本

　　　　日本：內閣文庫　六冊

《新刻瓊琯白先生集》十四卷　首一卷　　宋・葛長庚

　　　　又名《白真人全集》

　　明刊本

　　　　日本：靜嘉堂文庫　五冊

《新刻瓊琯白先生文集》十四卷　　宋・葛長庚

　　　　又名《白玉蟾文集》、《白真人集》、

　　　　《瓊琯白真人全集》

　　明萬曆二十二年（1594）甲午刻本　六冊

　　　　臺灣：國立臺灣大學圖書館：善本書、微縮片

《瓊琯白眞人集》十三卷　　宋・白玉蟾

　　明萬曆二十二年（1594）甲午刊本

　　案：明・林邦瑞（閩人）校輯，何維高作序。

《新刻海瓊白先生文集》十一卷　　宋・葛長庚

　　明萬曆間（1573-1620）刊本

　　　　日本：靜嘉堂文庫　五冊

《重編海瓊白玉蟾文集》六卷　續集二卷　　宋・白玉蟾

　　　　清・阮　元《道光　廣東通志》（卷一九八・藝文略
　　十・集部四）載（黃　佐曰：白真人集十卷，矖仙序，瓊
　　山唐　冑摘出六卷，刊傳）　存

　　　　謹案白玉蟾事詳釋老傳，宋・潘　枋序稱：白玉蟾集

四十卷，此本乃明寧獻王朱　權校定之本，八卷之外有附錄一卷，集當時霞侶諸作。黃　佐所謂朧仙者，即權之別字也。作十卷，誤。

《重刻白真人集》八卷　　宋‧白玉蟾　清‧王時宇編

王國憲《民國　瓊山縣志》（卷之二十‧藝文略‧集部）著錄《重刻白真人集》十卷。

王時宇敘《重刻白真人文集》，於清乾隆辛亥冬，根據樂會王鶴洲（宗佑）藏朧仙本《真人全集》（滇西彭竹林跋）重訂。於版心題《白真人集》，目錄作《瓊山白真人詩文全集》，自卷二至卷八，皆題《海瓊白真人全集》。惟滇西人彭竹林跋，又作《重刻紫清白真人詩文全集》。（王會均謹誌，以供查考）

清乾隆五十六年（1791）辛亥王時宇敘刊本

《重刻白真人集》十卷　　宋‧白玉蟾　清‧周明覺訂

本《重刻白真人集》，係由楚南周明覺（增訂），江西鄒鏡湖（全訂），新增卷九、卷十（兩卷），並募資重刻，知瓊山縣事許寶珩（善化人）作敘。

清同治八年（1869）己巳　許寶珩敘刊本

書前牌記：中行大題《白真人集》，右行署著為「同治戊辰重鐫」。

按清同治七年（1868）戊辰，較許寶珩敘作清同治八年（1869）己巳，提早一年。

香港：張谷雛珍藏（名收藏家）

《白玉蟾全集》　　宋‧白玉蟾真人

民國五十八年（1969）影印本

　　民國六十九年（1980）　新文豐出版公司　影印本
　　　臺灣：國立臺灣大學圖書館
《白玉蟾全集》　　宋・白玉蟾真人　　彭鶴林真人輯編
　　民國七十九年（1990）影印本
　　　臺灣：中央研究院傅斯年圖書館
《白玉蟾全集》（上・下冊）　　宋・白玉蟾真人
　　民國八十三年（1994）一月　自由出版社　影刊本
　　　（據周明覺增訂《白真人集》清同治七年重鐫本）
　　二冊　有像　21公分（二十五開本）
　　　（道藏精華　第十集之二）文山遯叟蕭天石主編
　　　按「影刊本」，上冊：書名頁題《白玉蟾全集》，封
面暨書背題名《白玉蟾真人全集》，蕭天石〈影刊白真人
全集序〉末署：中華民國五十八年（1969）己酉元旦。下
冊：書名頁、封面暨書背皆題《白玉蟾全集》，版權頁末
署：中華民國八十三年（1994）一月。
《白玉蟾全集校注本》　　宋・白玉蟾著
　　　朱逸輝　王君偉　陳多餘　朱逸勇校注
　　　海南省詩書畫家聯誼會編　朱逸輝主編
　　二〇〇四年三月　香港　也仕美術出版社　第一版
　　（29），1050面　有像圖表　21公分　精裝本
　　　（海南歷史文化名人選集）
　　　按《白玉蟾全集》（校注本），係以王夢雲輯印本《宋
白真人玉蟾全集》為底本，參閱蕭天石主編《白玉蟾全集》
（上下冊），暨《白真人集》、《玉蟾集鈔》、《太上道
德寶章翼》、《玉蟾先生詩餘》等復制本。分工校注，集

體研討，綜輯而成。

《白玉蟾海瓊摘彙》十卷　　宋‧葛長庚

　　明嘉靖十二年（一五三三）　唐　　冑刊本　四冊

　　　中國：北京圖書館（今名：國家圖書館）

　　張鈞衡《適園藏書志》（一九六八年本）有錄

《白玉蟾海瓊稿》十卷　　宋‧葛長庚

　　明嘉靖間（1522～1566）刊本　五冊

　　　日本：內閣文庫　靜嘉堂文庫

《海瓊摘稿》六卷　　明‧唐　冑編

　　　王國憲《民國　瓊山縣志》（卷之二十‧藝文略‧集
　部）著錄（見阮通志）。經查阮通志（藝文略），未見刊載。

《瓊琯白玉蟾上清集》八卷　　宋‧葛長庚

　　元建安余氏勤有書堂刊本

　　　丁　丙《善本書室藏書志》有錄

《瓊琯白玉蟾上清集》八卷　　宋‧白玉蟾

　　（修真十書‧第五冊）

　　明藍格舊鈔本（近人沈曾植手書題記）　一冊

　　　臺灣：國家圖書館‧善本書庫：261　09240-0005

《上清集》八卷　　宋‧白玉蟾

　　道藏輯要（第一二八～一二九冊）本（231　508‧1）

　　修真十書（第五冊）本（231　508‧1）

　　民國十二年（1923）至十五年（1926）刊本

　　民國七十四年（1985）新文豐出版公司　影印本

　　　臺灣：中央研究院傅斯年圖書館

《瓊琯白玉蟾武夷集》八卷　　宋‧葛長庚

　　元建安余氏刊本

　　　　瞿　鏞《鐵琴銅劍樓藏書目錄》有錄

　　明修本（元建安余氏刊）二冊

　　　　中國：北京圖書館（今名：國家圖書館）

《瓊琯白玉蟾武夷集》六卷　　宋・白玉蟾

　　明籃格舊鈔本（近人沈曾植手書題記）　一冊

　　（修真十書・第三冊）

　　　　臺灣：國家圖書館・善本書庫：261　09240-0003

《武夷集》八卷　　宋・白玉蟾

　　道藏輯要（第一二九冊）本（231　508・1）

　　修真十書（第三冊）本（231　508・1）

　　民國十二年（1923）至十五年（1926）刊本

　　民國七十四年（1985）新文豐出版公司　影印本

　　　　臺灣：中央研究院傅斯年圖書館

　　一九九七年（中國出版）刊本

《瓊琯白玉蟾玉隆集》六卷　　宋・白玉蟾

　　明籃格舊鈔本（近人沈曾植手書題記）　一冊

　　（修真十書・第八冊）

　　　　臺灣：國家圖書館・善本書庫：261　09240-0008

《新刊瓊琯白先生玉隆集》六卷　　宋・白玉蟾

　　元建安余氏勤有書堂刊本

　　　　朱希祖《明季史料題跋》有錄

《玉隆集》六卷　　宋・白玉蟾

　　道藏輯要（第一二七～一二八冊）本（231　508・1）

　　修真十書（第八冊）本（231　508・1）

民國十二年（1923）至十五年（1926）刊本

　　澳門：汪孝博亦藏有影印本

民國七十四年（1985）　新文豐出版公司　影印本

　　臺灣：中央研究院傅斯年圖書館

《海瓊白先生詩集》（摘錄本）三十九卷　　宋‧葛長庚

日本室町寫本

　　日本：內閣文庫　一冊

《白玉蟾詩集》九卷　　宋‧葛長庚

　　（明‧潘是仁《宋元名公詩集》之一）

　　明萬曆四十三年（1615）乙卯新安潘氏原刊本

　　　　臺灣：國家圖書館‧善本書庫：402‧51　13845-0009

　　　　日本：東方文化研究所　一冊

《蘷管集》一卷　　宋‧白玉蟾

　　（宋詩）

　　日本：尊經閣文庫

《白玉蟾詩》八卷　　宋‧葛長庚

　　（宋人小集）

　　清‧范希仁《宋人小集》二百三十六卷‧十一冊

清古鹽范氏也趣軒鈔本

　　臺灣：國家圖書館‧善本書庫：403‧251　14231-0008

《玉蟾詩鈔》一卷　　宋‧葛長庚

　　又名《玉蟾集鈔》一卷　　宋‧白玉蟾

　　（宋誠鈔補‧第八冊）

　　日本：東方文化研究所

　　臺灣：中央研究院傅斯年圖書館：831‧52　683

《玉蟾先生詩餘》一卷　續一卷　　宋・白玉蟾
　　　（疆屯叢書）
　　疆村叢書（第十七冊）本
　　　　臺灣：中央研究院傅斯年圖書館：833　103
　　　　日本：東方文化研究所
　　民國十一年（1922）歸安朱氏刊本
　　　　臺灣：國家圖書館・善本書庫：407・1　12850/19897-0069
　　民國十一年（1922）編者三次校補刊本
　　　　臺灣：國家圖書館・善本書庫：407・1　10741/17788-0070
　　民國七十八年（1989）新文豐出版公司　影印本
　　　　臺灣：國立故宮博物院圖書文獻館
　　　　　　中央研究院傅斯年圖書館

（四）藝部：計書類三種，畫類七幀

　　夫「藝術」（藝部）者，泛指白玉蟾之墨蹟也。大凡書、畫名蹟，諸多「逸品」散佚待訪，於今知見者，雖屬墨海遺蹟，唯係藝品珍珠，視同瑰寶，彌足珍貴矣。

甲、書類：計三種、三刊板

《仙廬峰六詠卷》（行書）　　宋・白玉蟾書
　　原紙本
　　　　中國：上海博物館珍藏
《南宋白玉蟾行書仙廬峰六詠卷》　　宋・白玉蟾書
　　一九八二年（中國出版）影刊本
　　　　臺灣：中央研究院傅斯年圖書館

《天朗氣清詩》（草書）　　宋・白玉蟾書

原卷本

臺灣：國立故宮博物院珍藏

乙、畫類：計七幀、七幅板

依據美・福開森（John, C. Ferguson）編《歷代著錄畫目》（民國五十七年（1968）十一月，臺北市・中華書局）刊載：宋・葛長庚（白玉蟾）氏，繪畫名蹟，輯述於次，以供查考。

〈修篁映水圖〉　　式古・二・一三六

〈竹實來禽圖〉　　同　上

〈紫府真人像〉　　同　上

〈展上公像〉　　　同　上

〈純陽子像〉（二）同　上

〈醉道士圖〉（二）同　上

〈醉偶圖〉　　　　同　上

　　綜上蒐輯資料窺之，南宋白玉蟾（葛長庚）真人之著作（知見藏板），包括：經部八種（十七刊板）、子部三一種（六十四刊板）、集部四十四種（六十三刊板），共八十二種（一四三刊板）。暨藝部（藝術），又有：書類三種（三刊板），畫類七幀（七幅板）。大都係「善本書」，罕見藏板，彌足珍貴，視同瑰寶矣。

　　就文獻典籍價值言之，宋白玉蟾真人之著作，非但是中華文化資產，亦是海南文化財，更係道學與文學寶藏，暨「白玉蟾」研究，不可或缺之珍貴資料，殊具學術研究參考價值，深受海內外學者專家重視，更祈道學界暨吾邦人士子珍惜與

愛護耶。

三、結　語

　　宋白玉蟾真人，其著述「豐碩富美」，而詩詞「百體並陳，洋洋灑灑」，於仙逝解化之後，乃由弟子蒐集輯梓，流傳於世。此外，餘如所著：記、序、跋、疏、銘、傳之類，亦係優美散文。近人國際著名文學大師林語堂博士，更稱讚其〈慵庵銘〉，乃雋永之作也。

　　白玉蟾真人，不僅是一位「濟人度世」道宗，同時亦係一名博洽群書之哲人，因係道士，崇尚道學，遭受貶黜，未與蘇（軾）、朱（熹）齊名，誠屬痛惜。緣自元初，由於釋、道激化與紛爭，於是道教漸趨式微，道藏乏人問津。尤以明清兩代，近五百五十年來，儒家在政治上取得絕對優勢與庇護，主政者尊儒崇佛而抑道，道家著作亦被遭歧視，致使一時名顯滿天下之白真人，遂為後世之人所遺忘，殊深憾惜焉。

　　宋白玉蟾真人，無特詩文造詣深邃，即其書畫猶足稱道，兼以博洽群書，精研道學，窮究哲理，乃中國最富有文學與藝術天才之道宗，在海南先賢中於丘濬（文莊）公外，其著作之豐無所倫比矣。諸如鄉賢王忠銘（宏誨）氏於〈張事軒（子翼）集序〉云：「吾鄉自丘文莊相，而白海瓊仙，二先生詩文出，業已彪炳藝林，為出世經世之宗，後之作者不可及已」。於是顯見，白玉蟾真人之文學著述，依然與日月山川，永垂不朽矣。

哲學大師
南宋道教南宗五世祖白玉蟾

參考文獻資料

《臺灣公藏善本書目書名索引》

　　民國六十年（1971）六月　臺北市　國立中央圖書館

《臺灣公藏善本書目人名索引》

　　民國六十一年（1972）八月　臺北市　國立中央圖書館

《廣東文獻書目知見錄》　　黃蔭普

　　一九七二年九月　香港　崇文書店　平一冊

《海南文獻資料簡介》　　王會均

　　民國七十二年（1983）十一月　臺北市　文史哲出版社

《國立中央圖書館善本書目》（增訂二版）

　　民國七十五年（1986）十二月　臺北市　國立中央圖書館

《中國古籍善本書目》

　　一九九六年十二月　上海市　古籍出版社　精八冊

《宋白眞人玉蟾全集》　　宋・白玉蟾

　　民國六十五年（1976）二月　臺北市　宋白真人玉蟾全
　　集輯印委員會　一冊（十六開本）

《白玉蟾全集》　　宋・白玉蟾真人

　　民國八十一年（1992）一月　新北市　自由出版社　影印本

中華民國九十三年（2004）壬申歲五月六日

臺北市・海南文獻史料研究室

丘濬：一代宗師

～南溟奇甸　布衣卿相～

引　言

　　海南省文化歷史研究會，定於一九九七年十二月十三日至十七日，在海南大學邵逸夫學術中心，舉辦紀念丘濬誕辰五七六周年，暨「國際丘海學術研討會」。個人不敏，承蒙厚愛，被邀與會，並指定撰著論文，殊深感激，亦極惶恐。謹以《南溟奇甸‧布衣卿相》（明賢丘濬研究）為題，就丘文莊氏之事略、著作，分類析論，並作綜合性探究，期有助學者專家、邦人君子參考。

　　本篇屬〈海南藝文志〉性質，係從史學（傳記）理念，暨資訊科學（書目、索引）角度，就明代大儒——丘文莊公畢生治學理政之志業，作博而精度與有系統化研究，俾有益先賢丘文莊公學術思想探究，敬期先進賢達、邦人君子指正。

　　於文中除綜論丘文莊氏事略外，其重要論旨在丘濬氏著述，以及後人於海內外各刊物發表，與公相關之學術思想等研究論文，就個人知見者，乃依篇名、著者、出版年（地）、刊名、卷期、頁次、附注之序，概作分類列著之，以供方家

查考。

　　吾瓊文事，源流久遠，始於何代，無帙稽考。唯於宋代，風尙蔚成，明清兩代，相習沿襲，最爲鼎盛風行。不僅藝文典籍，美不勝收，同時翰林士子，代有傳人，尤以明代大儒丘濬氏，堪稱一代宗師，其經世治平之學，對時政及世道之影響，至深且鉅，在中國士林，占有極重要地位。茲即個人所識，分項析述於次，以供先進方家、邦人君子參考。

一、事　略

　　先賢丘濬（1421～1495）氏，字仲深，又字瓊山，號瓊臺，學者尊稱：瓊山先生，瓊山西廂下田村人。生於明成祖永樂十九年（辛丑）十一月十七日，卒於明孝宗弘治八年（乙卯）二月初四日，享壽七十五歲。

　　公聰敏穎異，自小師承母李太夫人教誨，明英宗正統二年（1437）丁巳，遵祖訓，力攻舉子業，落筆爲文，數千言立就，復出倫輩。於明正統九年（1444）甲子，舉鄉試解元，卒業太學，祭酒蕭鎡深爲器重。迨明景帝景泰五年（1454）甲戌科登進士第（二甲一名），主試總裁商輅譽爲奇才，首選翰林院庶吉士，被命與修《寰宇通志》，志成授翰林院編修，歷任經筵講官、侍講學士、翰林院學士、禮部侍郎、擢升禮部尙書，孝宗時累官文淵閣大學士，加封太子太保，參預機務。明弘治七年（1494）甲寅，遷任戶部尙書、升少保兼太子太保，武英殿大學士，弘治八年（1495）乙卯卒於任，上聞訃震悼，輟朝賜祭一日，誥贈：太傅，進左柱國，謚：

文莊。遣行人宋愷，扶櫬南歸，葬於瓊山故里（九龍塘）。
祀鄉賢

公自少嗜學，博極群書，廉介持正。嘗以寬大啓上心，忠厚愛士習。顧性褊隘，議論好矯激，熟於國家典故。晚年左目失明，仍手不釋卷，寫作不輟，但絕莫爲近幸之作。其廉靜好學戒慎風範，堪典型於後世矣（參見何喬新《墓志銘》一文）。

張廷玉《明史》（卷一百八十一・列傳第六十九・本傳）、王鴻緒《明史稿》（列傳第五十九）、焦竑《國朝獻徵錄》（卷之十四）、蔣廷錫《雍正　大清一統志》（卷二八六・瓊州府・人物）、和珅《乾隆　大清一統志》（卷三五〇・瓊州府・人物）、穆彰阿《嘉慶　大清一統志》（卷四五三・瓊州府・人物）、郝玉麟《雍正　廣東通志》（卷四六・人物志・瓊州府），阮元《道光　廣東通志》（卷三百一・列傳・瓊州府）、唐冑《正德　瓊臺志》（卷三六・人物・名德）、戴熺《萬曆　瓊州府志》（卷之十・人物志・鄉賢）、牛天宿《康熙　瓊郡志》（卷之七・人物志・鄉賢）、張岳崧《道光　瓊州府志》（卷之三三・人物志・名賢上）、王賛《康熙　瓊山縣志》（卷之七・人物志・鄉賢）、楊宗秉《乾隆　瓊山縣志》（卷之七・人物志・鄉賢）、李文烜《咸豐　瓊山縣志》（卷之十九・人物志・名賢）、王國憲《民國　瓊山縣志》（卷之二四・人物志・列傳）、張廷標《瓊山鄉土志》（卷二・耆舊錄）、吳道鎔《廣東文徵作者考》（卷二・頁四九）、楊家駱《四庫大辭典》（頁一一一九）、臧勵龢《中國人名大辭典》

（頁一六六）、國立中央圖書館《明人傳記資料索引》（頁
一一二）、文化書局《明代地方志傳記索引》（上冊）、
紀昀《明臣謚考》（卷上・文莊）、朱逸輝《海南名人傳
略》（冊上・頁十一～十三，冊下・頁八～二一），皆載
有傳或事略。

二、著　作

先賢丘濬氏，歷事景泰、天順、成化、弘治四朝，力倡
「聖賢經世」之學，用輔朝政，以敦士習，大有功於世道。
於今世道衰微，人欲橫流，社會之禮俗紛岐，忠孝之道不彰。
於是顯見，儒家思想，當爲挽救時弊藥石，而文莊之學益當
振興。爰依相關資料，就其學術著作，述其要旨於次，以供
方家參考。

甲、就《四庫全書》著錄者，依經、史、子、集之序，
分述於次，以供查考。

（甲）、經　部

《家禮儀節》八卷　　明・丘　濬

欽定《四庫全書》提要：是書取世傳朱子家禮而損益
以當時之制，每章之末又附以餘注及考證。如所稱文公家
禮五卷，不聞有圖，今刻本載於卷首，而不言作者，多不
合於本書。……愚按南廱舊本，於立祠堂下注圖外，止云主
式見喪禮治葬章，並無見前圖云云，其辨證頗明。禮存三

明・黃佐《嘉靖　廣東通志》，作四卷。

楊家駱《四庫大辭典》（頁五二九）：明・丘濬撰，

是書取世傳朱子家禮而損益以當時之制。禮存三

　　明成化十年（1474）寫刊本

《文公家禮儀節》八卷　　明・丘　濬

　　明弘治三年（1490）順德縣吳廷舉刊本　六冊

　　明正德十三年（1518）常州重刊本　八冊

　　明嘉靖十八年（1539）修補（弘治三年）刊本　四冊

　　明萬曆三十六年（1608）常州錢時刊本　六冊

　　　前有朱熹原序及黃幹諸儒說

　　明萬曆四十六年（1618）何士晉刊本　四冊

　　清咸豐五年（1855）刊本　六冊

　　案：《家禮儀節》　宋・朱熹撰　明・丘濬重編

（乙）、史　部

《世史正綱》三十二卷　　明・丘　濬

　　欽定《四庫全書》提要：是書本明方孝孺釋統之意，專明正統。起秦始皇帝二十六年，迄明洪武元年，以著世變事始之所由，於各條之下，隨事附論。編年存

　　王士禎《池北偶談》稱其議論嚴正。胡應麟《史學占畢》稱：春秋之後有朱氏綱目，而綱目之後有丘氏。陶輔《桑榆漫志》稱其義嚴理到，括盡隱微，深得麟經之旨。

　　楊家駱《四庫大辭典》（頁八一七）：明・丘濬撰，是書本明方孝孺釋統之意，專明正統。編年存

　　明弘治元年（1488）刊本　三十二冊

　　明刊本　五冊（存卷二十二～二十六、二十九～三十二）

　　明嘉靖間刊本　十冊

　　明隆慶二年（1568）刊本　十冊

　　明刊本　十四冊（丁丙《善本書室藏書志》著錄）

　　民國三年（1914）文昌郭氏家塾仿明刊本校印（郭新校）

　　　臺灣：黨史會：921／994　線裝十冊

　　民國郭氏家塾仿明刊本　存六冊

　　　中國：海南師院圖書館藏影印本

（丙）、子　部

《大學衍義補》一百六十卷　　明·丘　濬

　　　欽定《四庫全書》提要：濬以宋·真德秀《大學衍義》
止於格致誠正修齊，而闕治國平天下之事，乃採經傳子史
輯成是書，附以己見，分爲十有二目。於孝宗初奏上之有
詔嘉獎，命錄副本付書坊刊行，至神宗復命梓行，親爲制
序，蓋甚重其書也。夫治平之道，其理雖具於修齊，其事
則各有制置。真氏原本實屬闕遺，濬博綜旁搜以補所未
備，兼資體用實足以羽翼而行，且濬學本淹通，又習知舊
典故，所條列元元本本貫串古今，亦復具有根本。

　　　明弘治初刊大字本、張溥刊本，明長洲陳仁錫評刊
本，明喬應甲刊於揚州中字本、續補全書本。儒家三

　　　楊家駱《四庫大辭典》（頁六七一）著錄

　　明弘治元年（1488）建寧府刊本　三十二冊

　　明弘治元年（1488）刊本　二十冊

　　案：有補修補寫本

　　明建安書林鄭氏宗文堂刊本　三十冊

　　明閩刊黑口本　二十八冊

　　明嘉靖十四年（1535）吉澄刊本（陶在東題識）

　　　六十四冊

明嘉靖三十八年（1559）福建監察御史吉澄校刊本

　　四十冊

明刊本（小字半葉十二行）　十七冊（缺首九卷）

明隆慶間刊本　四十冊

明萬曆三十三年（1605）內府刊本　四十冊

明萬曆刊本　上海　靜嘉　三十二冊　故宮　四十八冊

明崇禎五年（1632）長州陳氏刊本（陳仁錫評）

　　臺灣：國立中央圖書館　二十八冊

　　日本：內閣文庫　三十六冊

　　　　　尊經閣文庫　六十冊

明刊本　三十冊

明刻清印本　美國會　四十冊　　中國：廣東　三十冊

日本寬政四年（1792）刊本（陳仁錫評）

　　日本：內閣文庫　六十冊

清道光十七年（1837）刊本　　故宮　四十冊

清光緒二十一年（1895）桂垣書局刊本

舊抄本　央圖　十冊（存治國平天下之要　十卷）

民國二十年（1931）瓊州海口　海南書局重印本

　　中國：海南師院圖書館　二十冊

《鹽法考略》一卷　《錢法纂要》一卷　　明‧丘　濬

　　阮　元《道光　廣東通志》（卷一九三‧藝文略五）：
二書即大學衍義補中之兩篇，然既專刻以傳，不得不別為
著錄。

　　楊家駱《四庫大辭典》（頁一一七一）：舊本皆題明‧
丘濬撰，考之即濬之《大學衍義補》中之兩篇也。政書存二。

民國九年（1910）上海涵芬樓景印本

　　清・曹　溶輯、陶　越增訂《學海類編》著錄

《朱子學的》二卷　　明・丘　濬

　　欽定《四庫全書》提要：是編上卷分下學、持敬、窮理、精蘊、須看、鞭策、進德、道在、天德、韋齋等十篇，下卷分上達、古者、此學、仁禮、爲治、紀綱、聖人、前輩、斯文、道統等十篇。

　　蔡衍焜序曰：上編自下學以至天德，由事而達理，而終之以韋齋，所以紀朱子之生平言行，猶論語之鄉黨也。下編自上達以至斯文，由理而散事，而終之以道統，所以紀濂洛關閩之學之所由來，猶論語之有堯曰也。

　　是書摹擬論語，闡朱子之言，以示學者。儒家存一

　　楊家駱《四庫大辭典》（頁四二七）著錄

　明刊本（學的　二卷）　四冊

　日本承應二年（1653）刊本（學的　二卷）　二冊

　清嘉慶二十五年（1820）刊本　二冊

　瓊山丘氏刊本　一冊

　清同治五年（1866）福州正誼書局刊本

　　（昭代叢書）、（叢書集成初編）

　民國二十五年（1936）上海商務印書館　一冊（105 面）

　　臺灣：國立臺灣圖書館 1855／T6

　　　　（丁）、集　部

《重編瓊臺會稿》二十四卷　　明・丘　濬

　　欽定《四庫全書》提要：濬文集世不一本，初其門人蔣冕等刻其詩曰吟稿，續又裒其記序表奏曰類藁，嘉靖中

鄭廷鵠合二稿所載益以所得寫本，釐爲十二卷名曰會藁。天啓初其裔孫爾穀，遴類藁十之二，增會藁十之三，並吟藁合刻曰重編會藁，即此本也。雖不及類藁、會藁之完備，而簡汰頗嚴菁華俱在，足以括濬之著作矣。別集二十三

　　案：重編瓊臺會稿，亦名：瓊臺詩文會稿重編。

　　楊家駱《四庫大辭典》（頁三四五）：明・丘濬撰，按濬詩文有吟稿類稿諸刊，鄭廷鵠彙合補綴名曰會稿，其裔孫爾穀又爲刪定，故以重編爲名。濬記誦淹博，文章爾雅，迴勝游談，有明一代，不能不謂之作者。

　　明天啓中邱氏裔孫刊本，許自有二十七卷本，清康熙戊子刊邱文莊集十卷。別集二十三

　　明天啓元年（1621）瓊山丘爾穀刊本　十六冊

　　明天啓元年（1621）丘爾穀刊佟湘年修補本　十六冊

　　明天啓元年（1621）丘爾穀刊佟湘年修補本

　　　　近人張繼手書題記　六冊（存十一卷）

　　清文淵閣《四庫全書》本　十六冊　　臺灣：故宮博物院

《瓊臺詩文會稿》二十四卷　　明・丘　濬

　　明刊本（鄧邦述《群碧樓善本書目》著錄）

《瓊臺會稿詩文集》二十四卷　　明・丘　濬

　　清光緒元年（1875）雁峰書院刊本　十二冊　臺大（文）

　　清光緒五年（1879）刊本　六冊　　日本：京都大學

　　乙、就《廣東通志》、《瓊州府志》、《瓊山縣志》等相關書目資料（知見者），依經、史、子、集之序，分項著述於次，以供方家查考。

（甲）經　部

《射禮儀節》一卷　　明・丘　濬撰

　　　明・黃　佐《嘉靖　廣東通志》（藝文志）著錄

（乙）史　部

《續修宋元通鑑綱目》二十七卷　　明・丘　濬纂修

　　　清・張廷玉《明史・藝文志》著錄

　　　按明成化十二年十一月續修綱目成，纂修商輅爲首，其餘萬安、王獻、彭華、丘濬、劉羽、黎淳、謝一夔、劉健、汪諧、程敏政、鄭環、羅景、陸簡、林瀚十五人同纂修。

《寰宇通志》一百十九卷　　明・丘　濬纂修

　　　清・張廷玉《明史・藝文志》著錄

　　　按明景泰七年通志成，大學士高穀爲總纂晉少保，濬爲纂修授翰林院編修。

《天下一統志》九十卷　　明・丘　濬纂修

　　　清・張廷玉《明史・藝文志》、永瑢《四庫全書》著錄

　　　按明天順二年詔修一統志，命李賢爲總裁，彭時、呂原爲副總裁，濬爲纂修，天順五年四月十六，一統志成濬擬進表。

　　　楊家駱《四庫大辭典》（頁一〇四三）：是書體例一仍元志之舊，故書名亦沿用之。天順五年大字本、宏治乙丑慎獨齋刊本、萬壽堂刊本。地理

　　明天順五年（1461）內府刊本

　　民國五十四年（1965）文海出版社　影印本　精十冊

（據國家圖書館藏，明天順五年內府刊本）

明弘治十八年（1505）慎獨齋刊本

明嘉靖三十八年（1559）歸仁齋刊本

明萬壽堂刊本

明萬壽堂刊清初剜改重印本

明積秀堂刊本

日本正德三年（1713）弘章堂刊本

《英宗實錄》三百六十一卷　　明‧丘　濬纂修

清‧張廷玉《明史‧藝文志》著錄

按《明英宗實錄》，天順八年詔命詞臣纂修，成化三年八月二十四日成，濬充纂修升待講學士。

《憲宗實錄》二百九十二卷　　明‧丘　濬總纂

清‧張廷玉《明史‧藝文志》著錄

按明弘治元年詔修憲宗實錄，少傅劉吉、尚書徐溥、侍郎劉健爲總裁，尚書丘濬、少詹汪諧爲副總裁，四年八月實錄成，濬進呈表。

《平定交南錄》一卷　　明‧丘　濬

清‧伍崇曜輯《嶺南遺書》（第二集）著錄

按此《錄》乃丘濬據張輔家《闇者》福住所錄張　輔三次平定安南時所上「奏啓」，再參考其他記載編撰，並編入《瓊臺會稿》（十四卷下）

明藍格抄本（國朝典故之一）　臺灣：國家圖書館

明‧朱當㴂編《國朝典故》（四十七卷　八冊）

清乾隆三十八年（1773）浙江巡撫進呈明藍格鈔本　一冊

臺灣：國家圖書館

明抄本（有翰林院印）一冊

　　鄧邦述《群碧樓善本書目》著錄

明抄本（清・李文田手批並抄補）一冊　　國家圖書館

明刊本（記錄彙編之一）　一冊　臺灣：國家圖書館

　明・沈節甫《記錄彙編》（二百十六卷　一百二十冊）

明萬曆四十五（1617）丁巳　江西巡按陳于廷刊本

明嘉靖年間刊本（今獻彙言之一）一冊　　國家圖書館

明末刊本（五朝小說・皇明百家小說之一）　一冊

　明・馮夢龍《五朝小說》（四百七十四卷、八十冊）

明刊本（說郛續旁第十一）一冊　臺灣：國家圖書館

　　按《說郛》（一百二十卷、續集四十六卷，一百六

　　　十冊），係明・陶宗儀編、陶珽重編並續。

　明・高鳴鳳編《今獻彙言》（三十九卷　十六冊）

明末刊本　　臺灣：國家圖書館

清順治四年（1647）丁亥，兩浙督學李際期刊本

《史略》二卷　　明・丘　濬

　　　明・黃　佐《嘉靖　廣東通志》（藝文志）著錄

　　按《史略》府縣俱未著錄，採訪廣東藏書舊家亦無刻

本。棟從各家鑑史中，所有文莊公說，手自抄錄編爲二卷。

又未得公《世史正綱》詳爲參校，與正綱相出入否，姑存

之以爲論史者示之法焉（參王國憲《民國　瓊山縣志》卷

十九・藝文略・史部）。

（丙）子　部

《莊子直解》（未著卷數）　　明・丘　濬

　　明・蔣冕〈丘文莊行狀〉有著錄

《本草格式》一卷　　明‧丘　濬　　見《瓊臺會稿》

　　清‧阮元《道光　廣東通志》（卷一九四‧藝文略六‧子部）著錄：未見

《重刻明堂經絡前圖》　　明‧丘　濬

　　王國憲《民國　瓊山縣志》（卷十九‧藝文略‧子部）著錄

《重刻明堂經絡後圖》　　明‧丘　濬

　　王國憲《民國　瓊山縣志》（卷十九‧藝文略‧子部）著錄

《群書鈔方》一卷　　明‧丘　濬

　明刊本　北京　一冊　附《群方續鈔》一卷　何孟春輯

　日本天保十年（1839）寫本（昌平黌）　日內閣　一冊

《新刻丘瓊山故事雕龍》二卷　　明‧丘　濬

　日本享保十年（1725）刊本　　日本：內閣文庫　二冊

《新鐫詳解丘瓊山故事必讀成語考》二卷

　　明‧丘　濬　　盧元昌補

　日本天和間（1681～1683）刊本　　日本：靜嘉　二冊

（丁）集　部

《瓊臺吟稿》十二卷　　明‧丘　濬

　　清‧張廷玉《明史‧藝文志》著錄

　明弘治五年（1492）蔣雲漢刊本　二冊　　北京

《瓊臺類稿》七十卷　　明‧丘　濬

　　清‧張廷玉《明史‧藝文志》著錄（五十二卷）

　　按明志五十二卷、詩十二卷，鄭廷鵠輯本十二卷

　明弘治五年（1492）閔桂刊本　二十冊　　北京

明弘治八年（1495）刊本（四十九卷）

日本：內閣文庫　十四冊（缺卷二十一至卷二十二）

《瓊臺會稿》　十二卷　　明‧丘　濬

王國憲《民國　瓊山縣志》（卷之二〇‧藝文志）

著錄（瓊臺文獻集）

明嘉靖三十二年（1553）瓊山鄭廷鵠編刊本

王國憲輯《瓊臺文獻集》著錄《瓊臺會稿》十二卷

丘濬著

臺灣：國家圖書館　六冊

中國：北京　十冊

明萬曆三十七年（1609）刊本　六冊　　日本：尊經

清光緒五年（1879）重鐫本　雁峰書院藏板　十二冊

臺灣：國立臺灣圖書館 A846.5/7731

《丘文莊公集》十卷　　明‧丘　濬　清‧吳位和等重編

清乾隆十八年（1753）丘氏可繼堂刊本　十四冊

日本：內閣文庫

民國二十四年（1935）海口市　海南書局　　鉛印本

（海南叢書‧第一集　題名：瓊臺會稿）

《丘仲深集》　　明‧丘　濬　　　廣東省中山圖書館藏

黃蔭普《廣東文獻書目知見錄》（頁一三六）著錄

（廣理學備考）

《瓊臺集》　　明‧丘　濬　見《廣東文獻》（初集）

清‧羅學鵬輯《廣東文獻》（七十卷、二十四冊）

清同治三年（1864）順德羅氏春暉堂刊本

中國：廣東省中山圖書館

《丘文莊公經濟文編五集》　　　丘　濬

一九六二年　北京　中華書局　影印本

（明經世文編・第一冊）

中國：海南師院圖書館：D25（古）23　一冊

（戊）曲　部

《舉鼎記傳奇》二卷　　明・丘　濬

黃蔭普《廣東文獻書目知見錄》（頁二二九）著錄

抄　本　一冊

蓮勺廬抄本　一冊

《重校投筆記》四卷　　　明・丘　濬

黃蔭普《廣東文獻書目知見錄》（頁二二九）著錄

（繡刻演劇）　　　臺灣：國家圖書館藏

民國四十九年（1960）臺北市　啓明書局本

李石曾主編《世界文學大系》（第一集）

臺灣：黨史會　819／7121

《新刻魏仲雪先生批評投筆記》二卷　　明・丘　濬

上海圖書館《中國叢書綜錄》著錄

參見《古本劇曲叢刊》（初集）

《伍倫全備忠孝記》四卷　　明・丘　濬

卷端題名：新刊重訂附釋標注出相伍倫全備忠孝記

上海圖書館《中國叢書綜錄》著錄

見《古本戲曲叢刊》（初集）

民國七十四年（1985）臺北市　天一出版社　影印本

（全明傳奇・第三函）二冊

臺灣：國立臺灣圖書館　A8153・66/7731

四、纂　輯

　　先賢丘文莊公，潛心著述，宣揚教化，深受世人景仰，其各項文稿，經後人輯錄，編成書刊行者，分別著述於次，以供方家查考。

（甲）經　部

《家禮儀節》八卷

　　楊家駱《四庫大辭典》（頁五二九）：舊本題明・楊慎編，其書即丘濬之本。改題慎名，其圖尤爲猥瑣。禮存三

（乙）史　部

《丘海里墓記》四卷　　陳　沅輯

　　民國二十五年（1936）自序　鈔本　一冊

　　（韻古樓叢舊・第四種）

　　日本：東大　　東洋文化研究所

（丙）子　部

《大學衍義通略》三十一卷　　明・王　靜編

　　楊家駱《四庫大辭典》（頁六七一）：其書取楊廉《大學衍義節略》、丘濬《大學衍義補》合爲一編。儒家存一

《大學衍義補輯要》十二卷　　清・陳宏謀輯

　　楊家駱《四庫大辭典》（頁六七一）：清・陳宏謀取丘濬《大學衍義補》（一百六十卷），纂爲十二卷。儒家存一

　　清光緒三十二年（1906）明義書局刻本

　　黃蔭普《廣東文獻書目知見錄》（頁三〇九）著錄

（見香港《周理堂藏書》）

（丁）集　部

《丘文莊公叢書》　　明・丘　濬

　　按本叢書係根據國家圖書館藏：大學衍義補、世史正綱、瓊臺詩文會稿，東海大學藏：朱子學的、家禮儀節，啓明書局：投筆記，香港珠海大學溫心園教授：成語考，蔣冕編瓊臺詩話，以及瓊山縣志、白沙子集及玄圃遺書，所載與公有關之事跡文獻，先付影印，以廣流傳，俾供研究參考。

　　民國六十二年（1973）二月　　影印本　精裝二冊

《丘海二公文集》　　明・丘　濬　　海　瑞

　　清康熙四十七年（1708）關中焦映漢輯刊本

《丘海二公文集合編》十六卷　　明・丘　濬　　海　瑞

　　按是合編本，收錄《丘文莊公集》十卷，《海忠介公集》六卷。

　　清乾隆十八年（1753）丘氏可繼堂刻本　十冊

《丘海二公合集》　　明・丘　濬　　海　瑞

　　王國憲《民國　瓊山縣志》（卷之二〇・藝文志）著錄

　　清康熙四十七年（1708）焦映漢、賈棠同編刊本　八冊
　　　臺灣：中央研究院傅斯年圖書館

　　清同治十年（1871）刊本　十冊

　　民國二十九年（1931）海口　海南書局　鉛印本
　　　中國：海南師院圖書館　一冊（十卷）

《丘海合集》　　明・丘　濬　　海　瑞

　　民國二十年（1931）海南書局　鉛印本　三冊

《瓊臺詩話》二卷　　明・蔣冕編

　　　　蔣冕爲丘濬之門人，因裒輯濬生平吟詠，各詳其本
事。詩文評存（見楊家駱《四庫大辭典》頁三二九）

　　　　本書又名：瓊臺先生詩話

　　　　明萬曆年間刊本（八行二十字）一冊（一函）

　　　　美國：國會圖書館

《重校瓊臺詩話》二卷　　清・王時宇校　　馮驥聲重校

　　　　蔣冕輯文莊公詩話，初刻於都門，再刻於吳門許自昌
有序、三刻於閩張璀有序、四刻於瓊臺王時宇有序、五刻
於雁峰馮驥聲有序（見王國憲《民國　瓊山縣志》卷十九・
藝文略）。

《瓊臺詩話》評注　　邱達民注

　　　一九九三年十二月　廣州市　暨南大學出版社

　　　4,198 面　有像　20 公分

　　　此外，丘文莊尙有極多著述，諸如：表、疏、記、序、
傳、書、議、跋、銘、雜文、祭文、賦、詩等（不勝枚舉），
分載於各《廣東通志》、《瓊州府志》、《瓊山縣志》，暨府屬各
州、縣志書中，亟待彙輯刊行，以廣流傳而利研究參考。

五、研　究

　　　海南耆碩文朝籍、吳廼憲、吉章簡、龔少俠、陳　武等
四十餘人，民國六十六年（1977）年六月，倡議籌組「中華

民國丘海學會」，以弘揚吾瓊先賢丘文莊、海忠介兩公之「經世治平」學術思想與高風亮節。於次年（1978）六月十一日中國詩人節隆重成立，並發行《中國丘海學會成立特刊》（民國六十九年八月八日，奉內政部臺（69）內社字第4116號函核定更名為中華民國丘海學會）、《中國丘海學會會刊》（民國六十八年九月十五日創刊）、《丘海季刊》（民國七十年三月十日創刊），於民國八十六年（1997）十二月二十八日，改名《丘海會刊》。

近四十年來，在海內外各刊物發表，有關先賢丘文莊公學術思想研究論文甚多，就個人知見者，依其篇名、著者、出版年、出版地、刊名、卷期、頁次、附注之序，概作分類著述於次，以供學者專家、邦人君子查考。

（甲）書刊部分

本書刊部分，包括：譜傳、會刊、彙編（合輯），暨博士論文，分著如次，以供查考。

（譜　傳）

《丘文莊公年譜》一卷　　清·馮驥聲輯

清·馮驥聲校刻文莊公《瓊臺會稿》完，遂輯公年譜，依張石洲、顧亭林年譜例，凡當時交遊之人俱為詳注，甫脫稿未及付刻，遂歸道山，今稿本家藏（見王國憲《民國瓊山縣志》卷十九·藝文略）。

《丘文莊公年譜》一卷　　王國棟（王國憲）輯

按公為理學名臣，著作等身，無人異議，其論史謂：范仲淹多事，秦檜有功再造，以公詩文證之，皆當時誣公者之言。又謂忌陳白沙，考公刻《瓊臺吟稿》時，以詩集

　　貽白沙相爲就正，白沙亦有祭公文，其無疑忌不待辨而已
明。又謂與王三原不合，譜中援引當時事實辨其六誣，其
心迹可大白於天下後世（見王國憲《民國　瓊山縣志》卷
十九・藝文略）。

　　清光緒二十四年（1898）瓊山擘經書院刊本

　　　　中國：海南師院圖書館（二冊）：B92（古）／11

《明丘文莊公濬年譜》　　王萬福

　　本年譜分：年譜提要、年譜正文、年譜後記三部分。

　　附有：丘文莊公（明代）家學淵源世系表，以供參考。

　　民國七十四年（1985）臺北市　臺灣商務印書館鉛印本

　　　（新編中國名人年譜集成・第十九輯）

《丘濬評傳》　　丁寶蘭

　　一九八五年　廣州市　廣東人民出版社　第一版

　　乙冊　有像圖表　21公分

　　　（嶺南歷代思想家評傳）

（會　刊）

《中國丘海學會成立特刊》　　中國丘海學會

　　民國六十七年（1978）九月　臺北市　中國丘海學會

　　（42）面　有像圖表　27分（十六開本）

《中國丘海學會會刊》　　中國丘海學會

　　民國六十八年（1979）九月十五日創刊　臺北市　中國
丘海學會

　　3冊　有像圖表　27分（十六開本）

《丘海季刊》　　中國民國丘海學會

　　民國七十年（1981）三月十日改刊　臺北市　中國丘海

學會

　　48 冊（期）　有像圖表　27 分（十六開本）

《丘海會刊》　中國民國丘海學會

　　民國八十六年（1997）十月二十八日改刊　臺北市　中國
丘海學會

　　冊（期）　有彩像圖表　27 分（十六開本）

（彙　編）

《丘海學術研究彙編》　中國丘海學會

　　3 冊　有像圖表　26 分（十六開本）

　　本彙編係「中國丘海學會」刊物，計發行三集。於刊行年
度不同，頁數亦異，分著如次，以供查考。

　　第一集：民國六十七年（1978）十月一日　　　　152 面
　　第二集：民國六十八年（1979）十月十日　　　　　91 面
　　第三集：民國六十九年（1980）六月十一日　　　117 面

《丘海學術論文集》第一輯　　中華民國丘海學會輯

　　本論文集係輯自丘海學會刊物之論文，有關丘文莊公十
四篇，海介忠公十二篇，其他十五篇。

　　民國七十三年（1984）中華民國丘海學會　輯印本

《大學衍義補之研究》　　王家槐遺著　　王家梧鈔錄

　　民國七十六年（1987）十月　高雄六龜　王家梧刊行
　　211 面　有像及圖表　27 公分（十六開本）　精裝
　　（知止齋叢書之五）

《丘濬、海瑞在海南的故事》　　黎國器

　　一九九二年　廣州市　中山大學出版社　第一版
　　乙冊　有像圖　20 公分（二十五開本

《丘文莊、海忠介二公誕辰紀念》　　桃園縣詩學研究會

民國八十二年（1993）八月二十日　桃園市　桃園縣詩學研究會

18頁（36面）　有彩像及圖　27公分（十六開本）

（博士論文）

《丘濬（1421～1495）與大學衍義補》

～十五世紀中國的經世思想～

作　者：朱鴻林　美國普林斯頓大學博士

出版者：University Microfilms International

出版地：An Arbor, Michigan

出版年：1984年

本書係美國普林斯頓大學博士論文，由皮德琛（Willard J. Peterson）教授指導。其重心在研究丘濬何以於 1487 年撰出在中國經世學術中如此重要著作《大學衍義補》。

本書以探討《大學衍義補》對十六世紀與十七世紀初經世思想衝擊，並分析其內容獨特性及板本形式，暨丘氏撰著此書動機，以及導致此動機的早期生活與政治經驗。其主要內容，分著於次，以供參考。

第一章：導論

第二章：大學衍義補的明確目標：政府改革參考。

第三章：丘濬的書與真德秀大學衍義的關係。

第四章：丘濬撰著大學衍義補時學術趨向背景。

第五章：政府需要是丘氏撰作之動機。

第六章：丘濬的早期生活 —— 經世的企圖心。

第七章：丘濬的政治經驗 ── 導致此書的事實。

附　錄：

一、大學衍義補的主題內容

二、大學衍義補中引證的經典，諸子及野史等目錄

三、大學衍義補中部分建議之大綱

徵引書目

（乙）論文部分

就各報章雜誌發表之論文，概分：總類、社會、文史、傳記、軼事等五類，著述於次，以供查考。

（一）總　類

〈關於丘文莊先生著述的傳說〉　黃有琚

民國二十二年（1933）三月二十八日　廣州市　民俗（周刊）　第一一二期　頁二〇～二二

〈明代大儒丘瓊山之著述與思想〉　王萬福

民國四十九年（1960）十二月　臺南市　文史薈刊　第二期　頁三〇～四六

民國六十七年（1978）十月一日　臺北市　丘海學術研究彙編　第一輯　頁九七～一三五

〈丘瓊山之著述與思想〉　王萬福

民國六十二年（1973）三月三十日　臺北市　廣東文獻（季刊）　第三卷第一期　頁一一～二四

〈丘瓊山及其學術著作〉　溫心園

民國六十七年（1978）十月一日　臺北市　中國丘海學會成立特刊　頁六～九

〈丘瓊山著作述要〉　　王萬福

　　泰佛曆二五二三年，亦即民國六十八年（1979）　　泰國
海南會館三十四周年紀念特刊　頁七～一二

〈丘濬著作簡介〉　　王君偉

　　一九九二年六月二十日　海口市　海南史志　總第九
期（1992/2）　頁六三

〈丘濬醫學論著考〉　　林詩泉　林書勇

　　一九九二年十二月十四日　海口市　海南史志　總第
十一期（1992/4）　頁五五～五六

〈丘文莊公史評彙編〉　　黎德劭

　　民國七十四年（1985）九月三十日　臺北市　廣東文獻
第十五卷第三期　頁三九～四八（上）

　　民國七十四年（1985）十二月三十一日　臺北市　廣東
文獻　第十五卷四期　頁一二九～一三四（下）

〈明憲宗實錄所述白沙學與丘瓊山的繆轕辯正〉　　黎德劭

　　民國七十五年（1986）九月三十日　臺北市　廣東文獻
第十六卷第三期　頁九一～九三

〈丘文莊公「成語考」讀後〉　　詹尊泮

　　民國七十七年（1988）七月十五日　臺北市　丘海季刊
第二十一期　頁二二～二五

〈大學衍義補之研究摘要〉　　關照祺

　　民國七十八年（1989）七月三十日　臺北市　丘海季刊
第二五期　頁五～七

〈丘濬和他的大學衍義補〉　　林冠群

　　一九九六年九月二十八日　海口市　海南史志　總第

二十六期（1996/3）　頁七七～八四

　一九九六年十一月二十六日　海口市　海南史志　總
第二十七期（1996/4）　頁五一～五七（完）
〈書瓊山邱氏朱子學的後〉　黃　芝

　民國六十二年（1973）　香港　廣東文徵　第五冊　頁
三九〇～三九一
〈明代大儒丘文莊公叢書序〉　錢　穆

　民國六十七年（1978）七月四日　臺北市　中央日報
十一版（副刊）
〈丘文莊公叢書輯後箚記〉　楊　群

　民國六十三年（1974）十月　臺北市　海南文獻　第五
期　頁一〇～一二
〈丘文莊公叢書輯後刊記〉　楊　群

　民國六十七年（1978）十月一日　臺北市　丘海學術研
究彙編　第一輯　頁七〇～七四
〈丘海學會之現代意義〉　鄭心雄

　民國七十五年（1986）十二月　臺北市　丘海季刊　第
十六期　頁三～四
〈中國丘海學會章程〉

　民國六十七年（1978）十月一日　臺北市　中國丘海學
會成立特刊　頁三八～四〇
〈中華民國丘海學會章程〉

　民國六十九年（1980）十月十日　臺北市　中華民國丘海
學會會刊　第三期　頁四二～四四

〈中華民國丘海學會章程〉

　　民國七十四年（1985）十月十五日　臺北市　丘海季刊
　第十二期　頁五六～五八

　　　　中華民國七十四年七月七日，第三屆第二次會員大會修
　正，內政部（74）臺內社字第 338707 號函准予備查在卷。

〈本會九年來的丘海學術研究〉　鄭　光

　　民國七十六年（1987）十月十日　臺北市　丘海季刊
　第十九期　頁四三～四九

〈丘海學會十年來學術研究的成果〉　鄭澤光

　　民國七十七年（1988）七月十五日　臺北市　丘海季刊
　第二十一期　頁十三～十八

《中國丘海學會成立十週年紀念的展望》　顏大豪

　　民國七十七年（1988）七月十五日　臺北市　丘海季刊
　第二十一期　頁一一～一二

〈研究丘海先賢學術的我見〉　王興超

　　民國六十八年（1979）九月十五日　臺北市　中華民國
　丘海學會會刊　第一期　頁一一～一三

〈研究丘海學術應與現時代精神相配合〉　吉章簡

　　民國七十二年（1983）七月二十二日　臺北市　丘海季
　刊　第三期　頁一

〈研究丘海學述的我見〉　黃守漢

　　民國六十九年（1980）六月十一日　臺北市　丘海學會
　研究彙編　第三輯　頁一〇五～一〇九

《丘海精神　萬古常新》　何定之

　　民國六十九年（1980）二月十三日　臺北市　中華民國

丘海學會會刊　第二期　頁一七～一九

　　民國六十九年（1980）十月十日　臺北市　中華民國丘
海學會會刊　第三期　頁一一～一四（續完）

〈創會同仁追思的意義〉　王泊生（王萬福）

　　民國八十三年（1994）十一月二十日　臺北市　丘海季
刊　第三九、四十期（合刊）　頁二

　　案：係指「中國丘海學會」而言

〈丘海學會創會同仁追思錄序〉　陳光華

　　民國八十四年（1995）三月二十五日　臺北市　丘海季
刊　第四十一期　頁三三～三四

〈發揚丘公學術思想當前的急務〉　王興超

　　民國七十六年（1987）十月十日　臺北市　丘海季刊
第十九期　頁六～七

〈丘文莊公誕辰紀念感言〉　黎德劭

　　民國八十二年（1993）十二月三十一日　臺北市　丘海
季刊　第三十七期　頁八～九

〈大學衍義補版本〉

　　民國八十三年（1994）十一月二十一日　臺北市　丘海
季刊　第三十九、四十期（合刊）　頁一六

〈丘濬（1421～1495）與大學衍義補〉　朱鴻林著　蘇雲峰譯
　　　～十五世紀中國的經世思想～

　　民國七十四年（1985）三月二十九日　臺北市　丘海季
刊　第十、十一期（合刊）　頁七～八

（二）社會類

〈丘瓊山的民族主義思想〉　溫心園

　　民國三十五年（1946）九月　廣州市　南方雜誌　第一
卷第一期

〈丘文莊偉大的愛民思想〉　丘式如

　　民國六十七年（1978）十月一日　臺北市　中國丘海學
會成立特刊　頁一〇～一三

〈丘文莊的孝思可風〉　丘式如

　　民國六十八年（1979）十月十日　臺北市　丘海學術研
究彙編　第二輯　頁一～三

　　民國六十八年（1979）十二月三十一日　臺北市　廣東
文獻　第九卷第四期　頁二八～二九

〈大學衍義補的研究〉　周長耀

　　　副題名：大學衍義補是建設大有為政府的寶典

　　民國六十七年（1978）十月一日　臺北市　丘海學術研
究彙編　第一輯　頁七五～九六

　　民國六十八年（1979）十月十日　臺北市　丘海學術研
究彙編　第二輯　頁七七～八七（續）

　　民國六十九年（1980）六月十一日　臺北市　丘海學術
研究彙編　第三輯　頁八五～一〇四（續完）

〈研究丘公「漕輓之宜」心得報告兼論共匪「南水北調」計
　　劃〉　符　駿

　　民國七十年（1981）十月五日　臺北市　丘海季刊　第
二、三期（合刊）　頁四三～四六

〈丘濬經濟思想初探〉　吳申元

一九八一年　呼和浩特市　內蒙古財經學院學報　第一期

〈論丘濬的經濟思想〉　李晉國

一九八一年　江淮論壇　第三期

〈丘文莊公的王道政治〉　黃守漢

民國七十二年（1983）十二月二十日　臺北市　丘海季刊　第九期　頁二一～二五

〈丘文莊公的教育思想〉　詹尊泮

民國七十二年（1983）十二月二十日　臺北市　丘海季刊　第九期　頁一二～一六

〈丘濬公的經濟理論與實踐〉　鍾蓮英

民國七十四年（1985）十月五日　臺北市　丘海季刊　第十二期　頁一二～一六（上）

民國七十五年（1986）二月五日　臺北市　丘海季刊　第十三、十四期（合刊）　頁八～一一（下）

〈明朝軍事制度與丘公對國防重要獻議〉　符　駿

民國七十五年（1986）二月五日　臺北市　丘海季刊　第十三、十四期（合刊）　頁二四～二六

〈恭讀丘文莊總論理財之道後感想〉　陳敦智

民國七十五年（1986）八月五日　臺北市　丘海季刊　第十五期　頁七～一○

〈從丘文莊公「總論教化之道」談復興儒家思想〉　陳敦智

民國七十五年（1986）十二月十八日　臺北市　丘海季刊　第十六期　頁九～一二

〈從丘文莊總論制刑之義談民主法治之道〉　陳敦智
　　民國七十六年（1987）六月十五日　臺北市　丘海季刊
　　第十七、十八期（合刊）　頁八～十一
《談大學衍義補的「固邦本」之道》　黎德劭
　　民國七十七年（1988）二月十六日　臺北市　丘海季刊
　　第二十期　頁二〇～二三
《從丘濬「南溟奇甸賦」看十五世紀之海南自然生態與人文
　　經濟社會》　蘇雲峰
　　民國八十一年（1992）三月一日　臺北市　丘海季刊
　　第三十二、三十三期（合刊）　頁一～八
〈丘濬～社會轉型期詩歌理念與詩歌創作近代化的先聲》
　　　　　　　周偉民
　　一九九五年十一月二十八日　海口市　海南史志　總
　　第二十三期（1995/4）　頁六一～六七
〈從民主法治談丘文莊的民本思想〉　黎德劭
　　民國八十一年（1992）三月一日　臺北市　丘海季刊
　　第三十二、三十三期（合刊）　頁九一～九五
〈從丘文莊史學角度看所謂「唯一合法政府」問題〉　黎　仁
　　民國八十二年（1993）四月十五日　臺北市　丘海季刊
　　第三十五期　頁一～三
〈丘濬的北部邊防思想〉　許振興
　　一九八五年　廣州市　廣東社會科學　第三期
〈丘濬安邊馭夷策略〉　吳淑貞
　　一九九四年十一月二十八日　海口市　海南史志　總
　　第十九期（1994/4）　頁四七～四八

〈「大學衍義補」治平之道的理想與期望〉　黎德劭

　　民國八十三年（1994）十一月二十日　臺北市　丘海季刊　第三十九、四十期（合刊）　頁一四～一六（一）

　　民國八十四年（1995）三月二十五日　臺北市　丘海季刊　第四十一期　頁二六～三一（二）

　　民國八十四年（1995）七月七日　臺北市　丘海季刊　第四十二期　頁一二～一四（三）

　　民國八十四年（1995）十二月二十日　臺北市　丘海季刊　第四十三、四十四期（合刊）　頁八～九（四）

　　民國八十六年（1997）三月二十日　臺北市　丘海季刊　第四十八期　頁六～七（五）

　　民國八十六年（1997）十二月二十八日　臺北市　丘海會刊　第一期　頁七～八（六）

（三）文史類

〈丘海里墓記〉　陳　沅

　　民國二十六年（1937）四月一日　廣州市　廣州學報　第一卷第一期　頁一～二二　（附：圖八幅）

　　民國七十年（1981）三月十日　臺北市　丘海季刊　第一期　頁五八～六三

〈明儒邱瓊臺的思想概觀〉　陳恒昇

　　民國五十五年（1966）九月　香港　人生　第三十一卷第五期　頁二二～二七

〈對統一丘文莊公姓氏用字的提議〉　王定華

　　民國六十一年（1972）九月十日　臺北市　海南文獻　第三期　頁五六

〈丘濬之史學〉　李焯然

　　民國七十三年（1984）　臺北市　明史研究專刊　第七
　期

〈丘濬史事考辨〉　楊業進

　　一九八五年　廣州市　廣東社會科學　第三期

〈丘瓊山有功於吾粵詩教〉　卓浩然

　　民國六十二年（1973）九月三十日　臺北市　廣東文獻
　第三卷第三期　頁二九

　　民國六十七年（1978）十月一日　臺北市　中國丘海學
　會成立特刊　頁二六～二七

〈丘瓊山詩話〉　林光灝

　　民國六十六年（1977）六月三十日　臺北市　廣東文獻
　第七卷第二期　頁六六～六九

〈讀丘瓊山詩餘小識〉　關照祺

　　民國八十年（1991）九月二十日　臺北市　丘海季刊
　第三〇、三一期（合刊）　頁四六

〈方志中所見之丘濬〉　王桂雲

　　一九九一年十二月二十日　海口市　海南史志　總第
　六期（1991/3、4合刊）　頁七九～八一

〈蘇、丘、海三公祠宇興廢事跡記〉　卓浩然

　　民國六十二年（1973）十月　臺北市　海南文獻　第四
　期　頁四六～四八

《光祿大夫太子太保武英殿大學士贈太傅諡文莊丘公神道
　　　碑》　明・何喬新

　　民國六十二年（1973）十月十日　臺北市　海南文獻

第四期　頁四九～五一（選載）

〈謁丘濬墓有感〉　平　原（朱逸輝）

　　一九九六年六月二十八日　海口市　海南史志　總第
二十五期（1996/2）　頁六六～六七

〈焦竑著述中關於丘濬的史料〉　李焯然

　　民國七十年（1981）十月五日　臺北市　丘海季刊　第
二、三期（合刊）　頁六八～七一

〈丘文莊的學術根源及其中心思想〉　詹尊泮

　　民國七十一年（1982）九月二十五日　臺北市　丘海季
刊　第五、六期（合刊）　頁二一～二六

〈談丘濬詩聯詞曲的藝術情趣》　鍾　平

　　一九九二年九月二十八日　海口市　海南史志　總第
十期（1992/3）　頁四二～四四

〈丘文莊「南溟奇甸賦」詩詠題記〉　吳乾華

　　　　～兼錄「南溟奇甸賦」原文～

　　民國七十二年（1983）二月九日　臺北市　丘海季刊
第七期　頁四三～五一

〈丘濬「投筆記」用韻考略〉　陳　波

　　一九九四年五月二十五日　海口市　海南史志　總第
十七期（1994/2）　頁五四～五七

（四）傳記類

〈明代丘濬的生卒年〉　吳緝華

　　民國五十六年（1967）七月　臺北市　大陸雜誌　第三
十五卷二期　頁一〇～一二

〈明代丘濬的生卒考〉　　吳緝華

民國六十九年（1980）六月十一日　臺北市　丘海學術研究彙編　第三集　頁三～七

〈關於丘濬生卒年的一點補充〉　　李焯然

民國七十一年（1982）九月二十五日　臺北市　丘海季刊　第五、六期（合刊）　頁四〇～四一

〈明史丘濬傳補正〉　　吳緝華

民國五十六年（1967）十一月　臺北市　大陸雜誌　第三十五卷第九期　頁七～一四

民國六十七年（1978）十月一日　臺北市　丘海學術研究彙編　第一集　頁一～九

〈邱瓊山傳略及其民族主義思想〉　　迭　民

民國五十八年（1969）十一月九日　香港　旅港海南同鄉會成立特刊　頁六二～六七

注：本文曾發表於香港《人生》雜誌

〈丘濬傳〉（英文本）　　吳緝華　黃仁宇

民國六十七年（1978）十月一日　臺北市　丘海學術研究彙編　第一集　頁二二～二九

案：本文轉載於《明代名人傳》，美國‧哥倫比亞大學出版。

〈道德文章　炳若日星〉　　朱逸輝

～丘濬傳略及其考證與補充～

一九九六年六月二十八日　海口市　海南史志　總第二十五期（1996/2）　頁六三～六五

〈丘文莊公年譜〉　王萬福

　　民國六十一年（1972）十月　臺北市　海南文獻　第三
期　頁一七～二三

　　民國六十五年（1976）十二月三十日　臺北市　廣東文
獻　第六卷第四期　頁四〇～四四

　　民國六十七年（1978）十月一日　臺北市　丘海學術研
究彙編　第一集　頁一三六～一五〇

　　注：原刊臺南市《文史薈刊》第二期（民國四十九年）

〈明代大儒丘文莊公〉　楊　群

　　民國六十五年（1976）二月　臺北市　華學月刊　第五
十期　頁四六～五二

〈丘瓊山（仲深）的生平及其著作〉　溫心園

　　民國六十六年（1977）九月　臺北市　道風　第五十一
期　頁四一～四六

〈丘瓊山之生平及著作〉　溫心園

　　民國六十七年（1978）三月　臺北市　廣東文獻（季刊）
第八卷第一期　頁五二～五五

〈瓊州奇才──丘濬〉　何文生

　　一九九〇年十二月三十日　海口市　海南史志　總第
三期（1990/3）　頁四七～五二

〈經世治平・一代宗師〉　王萬福

　　　　～明・丘文莊（1421～1495）

　　民國六十八年（1979）九月三十日　臺北市　廣東文獻
第九卷第三期　頁四四～四五

〈廣東最早的劇作家丘濬（1450～1464）〉　　馬明堯

　　一九八〇年　廣州市　南國戲劇　第二期

〈少年時代的丘濬〉　　梁振東

　　一九八〇年七月五日　海口市　海南日報

〈丘濬：一位遙從海外數中原的布衣卿相〉　　蘇雲峰

　　民國七十一年（1982）九月二十五日　臺北市　丘海季
　刊　第五、六期（合刊）　頁九～二〇

〈丘文莊公思想與行誼〉　　詹尊泮

　　民國七十七年（1988）二月十六日　臺北市　丘海季刊
　第二十期　頁一六～一九

〈海南傑出的代表人物邱濬〉　　周偉民

　　一九九五年五月　新加坡　善志社四十周年誌慶特刊
　頁五五～五七

（五）軼事類

〈丘瓊山故事〉　　鄭敦保

　　民國十七年（1928）十一月　廣州市　民俗（周刊）　第
　三十四期　頁一五～一七

〈丘瓊山軼事〉　　陳有良

　　民國十八年（1929）二月六日　廣州市　民俗（周刊）
　第四十六期　頁二六～二七

〈丘瓊山的故事〉　　陳元柱

　　民國二十二年（1933）四月十八日　廣州市　民俗（周
　刊）　第一一五期　頁二二～二四

〈明代大儒丘濬幼年故事〉　　林光灝

　　民國四十五年（1956）三月　臺北市　暢流　第十三卷

第二期　頁二～四

〈明代大儒丘瓊山幼年趣事〉　林光灝

　　民國五十五年（1966）十月　臺北市　藝文志　第六期
頁一〇～一三

〈鄉賢丘文莊之趣聞及建議〉　楊　群

　　民國五十八年（1969）三月　臺北市　海南簡訊複刊
第十六期　頁二五～二七

〈記鄉賢丘文莊公趣聞及響應中華文化復興運動〉　黃守漢

　　民國五十八年（1969）十月十日　臺北市　南風　第八
期　頁三八

〈明代大儒丘文莊公掌故〉　楊　群

　　民國六十三年（1974）十月　臺北市　海南文獻　第五
期　頁六～九

　　泰佛曆二五二三年（1979）泰國海南會館三十四周年紀
念特刊　頁一七～一八

《丘文莊公掌故》　楊　群

　　民國六十七年（1978）十月一日　臺北市　中國丘海學
會成立特刊　頁二二～二五

〈略談丘瓊山與陳白沙之關係〉　溫心園

　　民國五十八年（1969）　香港　旅港海南同鄉會會刊
第二期　頁五

〈丘文莊公少年時代之傳說〉　吳迺憲

　　民國六十一年（1972）十月　臺北市　海南文獻　第三
期　頁一五～一六

〈張文獻與丘文莊先後媲美〉　吳道南

　　民國六十二年（1973）十月　臺北市　海南文獻　第四期　頁一二～一三

〈瓊臺詩文會稿與瓊臺詩話〉　牟甲銖

　　　　副題名：明代丘濬、蔣冕二公的師友情誼

　　民國七十五年（1986）十二月　臺北市　丘海季刊　第十六期　頁四六～四九

〈爲「白沙學案」與丘文莊公的牽連說幾話〉　黎德劭

　　民國七十六年（1987）六月十五日　臺北市　丘海季刊第十七、十八期（合刊）　頁一六～一八

《丘文莊師友門人淵源記》　王萬福

　　民國七十七年（1988）十二月三十日　臺北市　丘海季刊　第二十三、二十四期（合刊）　頁二〇～二四

《丘瓊山戲試考官》　黎德劭

　　民國七十八年（1989）七月三十日　臺北市　丘海季刊第二十五期　頁五九

　　注：掌故叢談一則

〈論丘、海二公的民間傳說故事〉　許榮頌

　　一九九〇年十月二十日　海口市　丘海研究論文

　　　參見許榮頌《鄉土襍錄》（文藝研究）　頁一四五～一四九

〈談丘濬兩首諷喻詩〉　張懷平

　　一九九三年三月二十七日　海口市　海南史志　總第十二期（1993/1　）　頁五一～五二

《丘文莊公交友流風》　韓介光

民國八十六年（1997）五月　臺北市　韓漢英將軍百齡
冥誕紀念集　頁五七～五八

結　語

綜而言之，個人深切體悟，吾瓊先賢丘文莊公，其才學
之淵博，以及耿介廉潔之氣節，更足以為後世之矜式。尤其
著作近五十種傳世，暨後人撰述之論文，約有七十篇之多。
不僅係最珍貴之文化遺產 —— 海南文獻典籍，同時亦是後人
研究先賢文莊公生平行誼、懿德風範、學術思想，不可或缺
之資源，深值得學者先進重視與珍惜。

窺公著作，其學上崇紫陽，旁及永嘉，融理性事功之學
於一爐，其學旨與陸王諸儒，雖略見殊異，唯究極聖賢經世，
匡濟時艱之思想，則殊途而同歸矣。誠如明儒陳白沙公文云：
「先生之志，見之於行事，先生之言，見之於著作，行由教
宣，言以道傳。」今值公誕辰 576 周年，然公之志之道，雖
未克見行於當年，但公之經世著作，得以廣傳於今世，深以
為喜慶也。

明武宗正德十年（1515）乙亥，朝廷准巡按御史之奏，
以公著垂訓有功世道，特旨賜景賢祠奉祀於鄉，配宋學士蘇
軾（字東坡、諡文忠），以風示天下，近世文臣承恩眷之隆，
實前所未有者耶。爰述先賢丘文莊公生平治學為政之大端，
以供方家賢達參考。

環顧國事之演變，痛惜海南「鄉土待建，文教待興」，
益感吾人任重而道遠。追懷先賢終生獻力於「聖賢經世，匡

時治平志業，竭功殊勛，於時政與世道之影響，至深且鉅。
深祈邦人君子群策群力，秉承先賢遺風，重新振興「海南教
化」，俾使先賢懿德，輝煌光大，萬世流芳，藉慰先賢在天
英靈。

參考文獻資料

《道光　廣東通志》　清・阮　元修　　陳昌齊纂
　　民國五十七年（1968）十月　臺北市　華文書局　影印本
　　（據清道光二年修　同治三年重刊本）　第五冊
《道光　瓊州府志》　清・明　誼修　　張岳崧纂
　　民國五十六年（1967）十二月　臺北市　成文出版社
　影印本（據清道光二十一年修　光緒十六年補刊本）
　　　　　　　　　　　　　　　　　　　　　　　精二冊
《民國　瓊山縣志》　周　果修　　王國憲纂
　　民國五十三年（1964）　臺北市　瓊山縣志重印委員會
　影印本（據清宣統三年開雕　民國六年鉛印本　瓊山學校
　藏板）　精一冊
《四庫全書總目提要》　清・永　瑢奉敕纂
　　民國五十四年（1965）二月　臺北市　臺灣商務印書館
　四十冊（萬有文庫薈要）
《四庫大辭典》　楊家駱編
　　民國五十六年（1967）　臺北市　中國辭典館復館籌備
　處　精一冊

《廣東文獻書目知見錄》　黃蔭普編

　　一九七二年九月　香港　崇文書店　一冊

《海南文獻資料簡介》　王會均著

　　民國七十二年（1983）十一月　臺北市　文史哲出版社

《明丘文莊公濬年譜》　王萬福撰

　　民國七十四年（1985）七月　臺北市　臺灣商務印書館

《海南文獻資料索引》　王會均著

　　民國七十六年（1987）十二月　臺北市　文史哲出版社

（作者係臺灣丘海學會常務理事）

卷之二　文　化

　　本卷（文化），計有四篇，約三萬言。內中：〈海南文獻・光大流芳〉（追懷王國憲先達），原刊載於〈廣東文獻〉（季刊）第二十二卷第四期（頁五三～六〇），並收在《王國憲先生紀念集》（頁九一～一一〇）。

　　至於〈王萬福與海南文獻〉、〈蘇雲峰：苦學有成〉二文，乃歲在壬辰（2012）十一月，前後完稿，以文悼念故人，藉慰在天之靈。

　　有關〈海南文獻活目錄〉，乃好友彭老板命題，就其在國立臺灣圖書館服公時程，留下些許痕跡，毋使人生旅途空白，亦好讓來者追尋！

王國憲

海南文獻・光大流芳

　　海南旅臺王氏宗長王夢雲、王萬福、王莆林、王昌國等十餘人，特邀臺北市海南同鄉會、文昌同鄉會、中華民國丘海學會等社團，於本（八一）年（1992）五月二十五日，假臺北市羅斯福路二段六十一號，天然臺二樓餐會，共同倡議：成立王國憲先生紀念籌備會，公推王夢雲任召集人，符琴副之，由王萬福綜理策劃。

　　筆者個人不敏，承蒙厚愛，被聘任《王國憲先生紀念集》編輯，協助編務，並指定撰著紀念文，殊深感激，亦極惶惑，謹以『海南文獻・光大流芳』為題，就王國憲先達行誼，暨海南文獻彙輯，分別析論，並作綜合性與建設性之建言，期供邦人君子參考。

　　吾瓊宿儒王國憲（1853～1938）氏，原名國棟，字用五，號曉雲，晚稱：更生老人，瓊山縣城西廂（世居昌興圖青草村）人。距生於清文宗咸豐三年（癸丑），亦就西元一八五三年，迨民國二十七年（1938），抗戰軍興，時公已邁垂暮之年，且老病相侵，兼以傷時憂國，不幸於同年歲在戊寅五月，病逝瓊城西門達士巷（更生書屋）享壽八十有六歲。

　　王氏先世，乃南宋南京兵部尙書王居正之後裔，元末因亂入瓊，世代繁衍，散居瓊山青草、墨竹、坡謝、勳利等諸村。書香世家，其曾祖承烈公，係清仁宗嘉慶六年（1801）辛酉科舉人。祖廷傅、天祐公，同爲清宣宗道光十七年（1837）丁酉科拔貢。叔父沂暄公增貢，選儒學訓導。先世三代，皆著有詩文專集，流傳於世。

　　公家學淵博，自幼師承母氏孫恭太夫人教誨，清德宗光緒十八年（1892），入廣雅書院爲正課生，光緒二十年（1894），甲午科朝考及第（二等優貢），選廣東樂昌儒學訓導，舉孝廉方正。光緒二十三年（1897）道出杭州，受業於經學大師俞曲園（樾）之門，深窺校讎之學。迨民國肇造，任廣東省參議員。終生獻身教化，掌教瓊臺書院，擴建雁峰學社爲書院，倡辦瓊海中學，其門徒弟子，近千餘人。

　　公潛心著述，宣揚教化，全力蒐集鄉賢文稿，整理輯印出版。以發煌先賢懿行，潛德幽光，深博邦人景仰。據周果等修、王國憲等纂《瓊山縣志》（民國六年刊本，瓊山學校藏板）藝文志（卷十九～二〇）刊載，公先後輯編邑賢遺著（詩文集），計二十餘種，分著於次：

《讀經日記》十卷　　王國棟輯

　　　按尙書二卷、三禮四卷、春秋四卷，皆從學廣雅書院日記所聞，手自鈔錄七年之久，積成卷帙。

《瓊臺書院志》二卷　　王國棟輯

　　　按凡例海南書院，自南宋創建東坡書院，歷元明清三朝，遞有增修，經費無多，住院讀書者亦少，於康熙年間，焦觀察映漢，創建瓊臺，規模始備，東坡書院向無專志，

一切建設等事遺佚無存，府志所載粗具大略，累代文教之
關係無由考。

《邱文莊公年譜》一卷　　王國棟輯
《邢都憲年譜》一卷　　王國棟輯
《海忠介公年譜》二卷　　王國棟輯
《鍾筼溪侍郎年譜》一卷　　王國棟輯
《唐西洲侍郎年譜》一卷　　王國棟輯
《瓊山金石略》四卷　　王國棟輯
《寶粹書塾藏書目錄》二卷　　王國棟輯

　　以上諸書，於《民國　瓊山縣志》，卷之十九‧藝文志
（書目）刊載。

《瓊臺文獻集》六十卷　　王國憲編輯

瓊臺會稿	十二卷	邱　濬著
湄邱集	一卷	邢　宥著
雞肋集	六卷	王　佐著
西洲集	一卷	唐　冑著
筼溪集	一卷	鍾　芳著
備忘集	六卷	海　瑞著
天池草	八卷	王宏誨著
石湖集	一卷	鄭廷鵠著
事軒稿	一卷	張子冀著
中丞遺集	一卷	梁雲龍著
給諫集	一卷	許子偉著
綸初堂集	四卷	王承烈著
筼心堂集	四卷	張岳崧著

闡道堂稿　　六卷　　雲茂琦著

廉訪遺集　　二卷　　韓錦雲著

抱經閣集　　五卷　　馮驥聲著

《瓊山十二家詩鈔》二十四卷　　王國憲編輯

綸初堂集　　二卷　　王承烈著

曾敬亭遺集　二卷　　曾日躋著

知稼軒集　　二卷　　王廷傅著

藕根山館集　二卷　　馮耿光著

漸園集　　　四卷　　陳　貞著

書巢集　　　一卷　　王沂暄著

抱經閣集　　六卷　　馮驥聲著

新豐集　　　二卷　　王子俊著

東明集　　　二卷　　林之椿著

還讀書堂集　二卷　　曾對顏著

澆俗山房吟稿　二卷　　張廷標著

綠雪山房集　一卷　　舒喬青著

《瓊山文徵》三十卷　　王國憲編輯

以上諸書，刊載於《民國　瓊山縣志》，卷之二十：藝文志（書目）。

民國十一年（1922）至二十二年（1933）間，海南書局，積極推廣文化出版事業，公被聘任爲總纂，主持書局編政，先後輯印《海南叢書》、《丘海合集》，纂修《瓊山縣志》、續修《儋縣志》，校刊《瓊州府志》、《感恩縣志》，廣爲流傳於世。

甲、校刊方志

《瓊州府志》　四十四卷　首一卷

　　　　清‧明　誼修　張岳崧纂

　　清道光二十一年（1841）修　光緒十六年（1890）林隆斌補刊本

　　民國十八年（1929）王國憲校訂　海南書局重刊　鉛印本

　　26 冊　有圖表　25 公分　線裝

　　　　臺灣：國立臺灣大學圖書館：128

　　　　　　國立臺灣圖書館：A7701 Bd1（南）

《感恩縣志》　二十卷　首一卷

　　　　周文海修　盧宗棠纂　王國憲校訂

　　民國二十年（1931）　海口市　海南書局　鉛印本

　　4 冊　有圖表　25 公分　線裝

　　　　美國：國會圖書館

　　　　臺灣：內政部方志室（今移國家圖書館藏）

　　　　　　國立臺灣圖書館：4846-94

乙、纂修方志

《瓊山縣志》　二十八卷　首一卷　　周　果修　王國憲纂

　　清宣統三年（1911）開雕　民國六年（1917）海南書局鉛印本

25 冊　有圖表　25 公分　線裝

　　美國：國會圖書館

　　臺灣：內政部方志室（現移國家圖書館藏）

《續修　儋縣志》　十八卷　首一卷　　彭元藻修　王國憲纂

　民國二十五年（1936）　海南書局　鉛印本

　8 冊　有圖表　25 公分　線裝

　　美國：國會圖書館

　　臺灣：內政部方志室（現移圖書館藏）

　　　　國立臺灣圖書館：A7701 Bd3（南）

丙、編輯文集

《丘海合集》　　明・丘濬　海瑞合著　　　王國棟編校

　民國十六年（1927）海南書局重刊　鉛印本

　3 冊　21 公分　　（海南叢書　第一種）

　　庋藏者：學者私人珍藏

　　本合集計分上中下三集，其內容：上中二集爲丘文莊
公詩文稿，下集係海忠介公遺著，故稱《丘海合集》。

　　按民國二十年（1931），海南書局（鉛印本）彙刊《海
南叢書》第一集爲《瓊臺會稿》，並註缺《瓊臺詩話》乙
種，先後似有不符。

《海南叢書》　王國憲輯

　民國二十年（1931）海口市　海南書局　鉛印本

　9 冊　21 公分

　　　中國：上海圖書館《中國叢書綜錄》（1959）

香港：中山圖書館：086337／3435

臺灣：國立政大社資中心（複印孤本）

　本《海南叢書》，乃吾瓊宿儒王國憲氏，蒐集歷代諸先賢家藏遺稿，彙刊成書。其內容凡章奏、記序、論辨、傳贊、銘誄、碑誌、行略、祭文、祝文、簡札、公牘，以及詩、詞、歌、賦，計有二十一種，分訂九集，就其集次，分述於次：

第一集

　瓊臺會稿　十卷　　明・丘　濬

第二集

　備忘集　　六卷　　明・海　瑞

第三集

　雞肋集　　十卷　首一卷　　明・王　佐

　湄丘集　　二卷　　明・邢　宥

　傳芳集　不分卷　　明・唐　胄

第四集

　天池草　不分卷　　明・王宏誨

第五集

　陳中秘稿　不分卷　　明・陳是集

　陳檢討集　不分卷　　明・陳　璘

　鍾筠溪集　不分卷　　明・鍾　芳

　張事軒集　不分卷　　明・張子翼

第六集

　石湖遺稿　　不分卷　　明・鄭廷鵠

　北泉草堂遺稿　不分卷　　明・林士元

　梁中丞集　　不分卷　　明・梁雲龍

　　　許忠直公遺集　　不分卷　　　明・許子偉
　　　松谿小草　　　　不分卷　　　明・王懋增
　　　揚齋集　　　　　不分卷　　　清・王承烈
　　第七集
　　　筠心堂文集　　　二卷　　　　清・張岳崧
　　第八集
　　　闡道堂遺稿　　　不分卷　　　清・雲茂琦
　　第九集
　　　白鶴軒集　　　　不分卷　　　清・韓錦雲
　　　志親堂集　　　　不分卷　　　清・林燕典
　　　抱經閣集　　　　不分卷　　　清・馮驥聲

　　綜觀《海南文獻》資料整理與刊行，除王國憲氏彙刊《海南叢書》外，旅臺鄉親及出版社，先後蒐集吾瓊先賢遺著與方志，分別重印或影印，刊行傳世者，依次：

<h2 style="text-align:center">（甲）詩　文</h2>

《宋白眞人玉蟾全集》
　　　民國五十六年（1967）　　影印本　精一冊
《丘文莊公叢書》
　　　民國六十一年（1972）　　影印本　精二冊
《海忠介公全集》
　　　民國六十二年（1973）　　影印本　精一冊
《備忘集》（海瑞著）
　　　民國五十九年（1970）　　影印本　精三冊
《邢湄邱公集》
　　　民國六十八年（1979）　　重印本　平一冊

《溟海詩選》（陳是集選輯）

　　民國七十一年（1982）　重印本　精一冊

（乙）方　志

〔道光〕瓊州府志　四十四卷　首一卷

　　民國五十年（1961）　影印本　線裝五冊

　　　　依據清道光二十一年（1841）修，光緒十六年（1890）
補刊本，民國十八年（1929）海南書局鉛印本（雲大選〈香
泉書室〉珍藏）重印

　　民國五十六年（1967）　影印本　精二冊

　　　　（中國方志叢書　華南地方：第四十七號）

　　　　臺北市・成文出版社，依據清道光二十一年（1841）
修，光緒十六年（1890）補刊本影印

〔咸豐〕瓊山縣志　三十卷　首一卷

　　民國六十三年（1974）　影印本　精六冊

　　　　（中國方志叢書　華南地方：第一六六號）

　　　　臺北市・成文出版社，依據清咸豐七年（1857）刊本
（雁峰書院藏板）影印

《瓊山縣志》　二十八卷　首一卷

　　民國五十三年（1964）　影印本　精一冊

　　　　依據清宣統三年（1911）修（開雕），民國六年（1917）
海南書局鉛印本（瓊山學校藏板）影印

〔咸豐〕文昌縣志　十六卷首一卷

　　民國七十年（1981）　重印本　精一冊

　　　　依據清咸豐八年（1858）刊本（蔚文書院藏板）打字
重印。

〔光緒〕定安縣志　十卷　首一卷

　　民國五十七年（1968）　影印本　平一冊

　　　依據清光緒四年（1878）刊本（日本國會圖書館，暨中央研究院傅斯年圖書館藏板）影印。

《瓊東縣志》　十卷

　　民國六十三年（1974）　影印本　精二冊

　　　（中國方志叢書　華南地方：第一七〇號）

　　　舊名：會同縣志，現稱瓊海市。

　　　依據清嘉慶二十五年（1820）修，民國十四年（1925）鉛印本（海南書局代印版）影印。

《瓊東縣志》　十卷　　附：續編增補資料

　　民國七十三年（1984）　重印本　精一冊

　　　依據民國六十三年（1974）成文出版社（影印本）打字重印。

〔康熙〕樂會縣志　四卷

　　民國七十三年（1984）　龔少俠　影印本　精一冊

　　　依據清康熙二十六年（1687）崇文齋傳鈔本（美國哈佛大學圖書館藏板、暨美國國會圖書館藏抄本）影印。

〔宣統〕樂會縣志　八卷

　　民國七十五年（1986）　龔少俠　重印本　精一冊

　　　依據清宣統三年（1911）續修（手抄複印本）打字重印

〔光緒〕臨高縣志　二十四卷

　　民國六十三年（1974）　影印本　精三冊

　　　（中國方志叢書　華南地方：第一六四號）

　　　臺北市・成文出版社，依據清光緒十八年（1892）刊

本（臨江書院藏板）影印。

《儋縣志》　十八卷　首一卷

　　民國六十三年（1974）　影印本　精四冊

　　　　（中國方志叢書　華南地方：第一九一號）

　　　臺北市・成文出版社，依據民國二十五年（1936）續
修，海南書局（鉛印本）影印。

《感恩縣志》　二十卷　首一卷

　　民國五十六年（1967）　影印本　精一冊

　　　　（中國方志叢書　華南地方：第六十七號）

　　　臺北市・成文出版社，依據民國二十年（1931）修，
海南書局（鉛印本）影印。

〔光緒〕崖州志　二十二卷

　　一九八三年　重印本　平一冊

　　　　（廣東地方文獻叢書）

　　　廣東人民出版社，依據清光緒二十七年（1901）重修，
光緒三十四年（1908）補訂，民國三年（1914）鉛印本（廣
東中山圖書館藏板）重印（橫排）

　　上列文獻史料，計有詩文六種，方志十二種，雖已重新
刊行，廣傳於世，惟在「海南文獻史料」整體上言之，顯屬
鳳毛麟角，尚嫌不足。於是著者乃本「熱愛鄉土」情素，忠
誠建言，以作此篇結論，期使《海南文獻》，發煌光大，萬
世流芳，願與治海南學者，暨邦人君子共勉之。

　　目前特值海峽兩岸，力倡學術文化交流，深祈海南當局
及文教機構，暨研究海南學者專家，以及海內外吾瓊鄉親，

於海南文獻典籍，採分工合作方式，作有系統規劃，進行蒐
集、管理、編輯、出版、研究等工作，以供海南開發建設與
學術研究參考。

　　一、蒐集：海南文獻史料來源，以採購、贈送、交換等
方式進行。其史料性質，計分：

　　（一）方志典籍：海南方志，其種類包括一統志（瓊州
府）、通志（瓊州府）、府志、州縣志、鄉土志、採訪冊，
乃治海南史，不可或缺資料，最具史學參考價值。目前散藏
於英美日，臺灣及中國各地圖書館及文教單位，尤其中國藏
量最豐，海南大學或海南圖書館，應透過有效管道，全力蒐
集齊備，以供學術研究參考。

　　（二）先賢遺著：海南文風，自宋蔚成，迨明清兩代，
最為鼎盛。不僅藝文遺籍，美不勝收，同時文壇名士，代有
傳人。其所著遺書（稿），乃研究海南文學史，暨諸先賢事
略、年表，必需具備史料。於今所知見者，除《海南叢書》
（計輯二十二種）外，以宋白玉蟾、明丘文莊、海忠介等先
賢遺著最多，亦最具史料價值。

　　（三）日文舊籍：於二次世界大戰期間，日本圖以海南
作為南進南洋各國跳板，特由臺灣總督府、臺北帝國大學、
臺灣拓殖株式會社等相關機構，派遣學者及科技專家，數度
組團親往海南及南海諸沙群島，作實地調查考察，並著有頗
多重要文獻資料，多屬國內外文教機構，最稀傳罕見之孤本。
同時亦係海南開發建設與學術研究，最具有參考價值，暨不
可缺少的重要文獻，殊受學界重視。

　　（四）中文圖書：除方志典籍及先賢遺著外，餘者係指

孤本圖書、普通書刊、特種資料而言。乃研究「海南學」暨海南社會制度，必備的重要資料，對海南開發建設暨學術研究，深具史料參考價值。

甲、孤本圖書：係指民國三十八年（1949）前出版品而言，在民國二〇及三〇年代，曾有中外學者專家，數度組團親往海南暨南海諸沙群島，作實地調查考察，並著有不少重要文獻資料，提供海南開發建設與學術研究參考。

乙、普通圖書：係指民國三十九年（1950）後出版書刊而言，無論是海南文獻或瓊人著述，大都是海外瓊籍僑胞，暨旅臺海南鄉親，抑研究海南學者之精心傑作，雖數量不多，然彌足珍貴。

丙、特種資料：係指西元一九五〇年五月，海南易幟以後，在中國各地所發行（治「海南學」相關者）之書刊而言。乃研究海南現代史，不可缺少資料，深期海南省當局，全力支援海南大學或海南圖書館，積極進行蒐集齊全，提供海南開發建設與學術研究參考。

二、管理：係指海南文獻資料之保管與整理工作而言，亦就海南文獻資料的編目分類及典藏閱覽（讀者服務）作業。若資料管理失當，便難充分發揮其閱覽流通功能。

（一）成立海南文獻資料中心：無論是海南大學（文學院）或海南省圖書館，全力蒐集齊全，儘速成立「海南文獻資料中心」，妥善管理，落實本土研究，成為海南學術研究之重鎮。

（二）設置南海研究資料專櫃：無論是臺北市同鄉會、抑中華民國丘海學會，應透過有效管道，建請國立臺灣圖書

館，在現藏海南文獻與南海資料的基礎上，設置南海研究資料專櫃，採開架式閱覽參考服務，公開陳列，提供學術研究。

三、編輯：係指海南文獻史料，建立卡片，編輯書本式目錄或索引而言。

（一）《海南文獻資料簡介》：王會均著，民國七十二年（1983）十一月，臺北市・文史哲出版社印行。全書蒐集有關海南文獻資料，包括圖書（善本書及線裝書）、檔案、期刊、報紙等三百五十餘種。

（二）《海南文獻資料索引》：王會均著，民國七十六年（1987）十二月，臺北市・文史哲出版社印行。本索引分三大部份：

甲、正文：包括論文、報告、法規、統計、圖表等資料，計有一七九七篇。

乙、收錄刊物一覽表：其刊物依性質計分：報紙（三九種）、期刊（二三五種）、特藏資料（二八種）、特刊（八種）、其他資料（二一種）等五大類，共三三一種。

丙、著者暨篇名引得：依著者姓名筆畫排列，未著錄著譯者，以篇名首字筆畫代之。凡同一著者，所收錄之論文資料，皆列於姓名下，每篇名後均列記編號，檢閱方便。

（三）《日文海南資料綜錄》：王會均著，民國七十九年（1990），《中國書目季刊》第二十四卷第二期（九月十六日）及第三期（十二月十六日）刊載（臺北市臺灣學生書局印行）。於民國八十二年（1993）八月，文史哲出版社本。

本綜錄所蒐集之圖書典籍，多屬國內外文教機構，最稀傳罕見之孤本。同時亦係海南開發建設與學術研究，最具參

考價值，暨不可缺少的重要文獻，包括參考圖書、定期刊物、學術報告、小冊子等資料，計一五八種。

（四）〈海南研究資料索引〉：王會均著（編印中），自民國七十七年（1988）至八十年（1991）間，期刊報紙所刊載之論文、報導、新聞等資料，計二千餘篇。

（五）〈海南方志知見錄〉：王會均著（撰稿中），計分佚傳志書（古志、外紀）及現藏方志（府志七種、州志八種、縣志二八種、鄉土志三種、採訪冊一種）。

（六）〈日文海南資料索引〉：王會均著（規劃中），以國立臺灣圖書館珍藏，日據時期刊行之日文期刊報紙，所刊載之論文、報告、統計、圖表等資料為範疇。

（七）〈海南研究資料目錄〉：以一九五〇年海南易幟後，在中國各地所出版之書刊為範疇，建議分別編輯刊行較宜。

（八）〈海南研究論文索引〉：乃以一九五〇年海南易幟後，於中國各地刊行之期刊報紙，所刊載之論文、報告等資料為範疇，分別編輯刊行。

四、出版：係在現有《海南文獻資料》基礎上，作系統化規劃，並洽請出版社或縮影公司，進行出版或攝製微縮捲片，提供學術研究參考。

（一）《海南先賢全書》：海南文風，自宋蔚成，明清兩代，最為鼎盛。其先賢遺著，美不勝收，建請妥善整理出版，以光大吾瓊先賢懿行。

（二）《海南方志叢書》：海南方志，除地理志五種、一統志四種外，包括：瓊州府志、各州縣志、鄉土志、採訪冊等，計五十一種，散藏於國內外圖書館或文教機構，應速

整理出版，提供學術研究參考。

（三）《海南文獻叢刊》：民國二○至三○年代，曾有中外學者專家，數度組團親往海南暨南海諸沙群島，實地調查考察，於所著五百餘種，相關海南文獻典籍中，擇其精要，作系統化整理，次第印行，以供學者研究參考。

（四）《海南藝文彙刊》：於現代邦人君子中，青年才俊、學者專家、藝人文士輩出，其成就：學術論著、專門著作、藝文作品，美不勝收。期作有系統整理刊行，以保文獻於久遠，復免珠沉滄海、玉蘊深山而不得廣傳於世。

五、研究：旨在鼓勵學者專家及研究生，對海南學術研究興趣，培育海南學術研究人才。

（一）成立海南學術研究會：落實本土化研究外，亦需結合海外海南社團，聯合舉辦有關「海南學術研討會」，以蔚成海南學術研究風氣。

（二）設置海南文教基金會：發動海內外邦人君子，籌募「海南文教基金」，以獎助學者專家及研究生，進行研究：

甲、研究生論文之獎勵（博士、碩士論文）。

乙、大專教師論文之獎勵。

丙、學者專家專著：無論是參考圖書或專門著作，凡相關有益海南開發建設與學術研究者，視實際需要，酌予獎助出版費。

環顧國事演變，痛惜海南（鄉土待建，文教待興），益感吾人任重而道遠。追懷王國憲先達，終生獻身海南文教事業，竭功殊勳，深冀邦人君子，群策群力，秉承諸鄉賢遺風，重新振興「海南教化」，俾使《海南文獻》，發煌光大，萬

世流芳，藉慰先賢在天英靈。

參考文獻資料

《丘海合集》　王國憲校
　　民國十六年　海口市　海南書局

《海南叢書》　王國憲輯
　　民國二十年　海口市　海南書局

《瓊山縣志》　王國憲纂
　　民國五十三年　臺北市　影印本

《儋縣志》　王國憲纂
　　民國六十三年　臺北市　成文出版社　影印本

《海南文獻資料簡介》　王會均著
　　民國七十二年　臺北市　文史哲出版社

《海南文獻資料索引》　王會均著
　　民國七十六年　臺北市　文史哲出版社

《日文海南資料綜錄》　王會均著
　　民國八十二年　臺北市　文史哲出版社

《海南近代人物誌》　陳　俊著
　　民國八十年　臺北市　傳記文學出版社

中華民國八十一年（1992）壬申歲七月十日　完稿
中華民國一〇二年（2013）癸巳歲一月十日　校補
　　臺北市：海南文獻史料研究室

王萬福

獻力海南文獻

　　王萬福（1912～2003）氏，字海山、號泊生，樂會縣（今
瓊海市）中原鎮黃竹村人。於民國元年（壬子）十月十七日
生，民國九十二年（癸未）四月十一日（農曆三月初十日）
卒，享壽九秩晉一歲。

　　案：亦有作民國三年（1914）甲寅十月一日生。

　　王萬福氏，童年爲避匪亂，寄籍瓊東縣，居嘉積市十餘
年，先就讀小學，並考入廣東省立第十三中學，高中畢業後，
續考取廣州國民大學。由於家庭經濟接應困難，大學尚未畢
業，便進入社會謀生。初任《瓊崖國民日報》記者、編輯六年。

　　民國二十四年（1935）乙亥，與王惠風、詹尊泮、黎德
劭等人，在嘉積市籌組「求知讀書社」，上海著名學者蔡元
培題簽社名牌，名作家潘公展、沈雁冰（茅盾）等題詞祝賀，
名噪一時，頗獲佳評。

　　民國二十六年（1937）丁丑，在「七・七事變」後，出
任中國國民黨樂會縣黨部書記長，積極宣傳，喚醒群眾，團
結抗日，領導青年，從事游擊，歷時八載，艱苦卓著。

　　民國三十四年（1945）乙酉九月，日本宣佈無條件投降，
二次大戰結束後，兼任樂會縣臨時參議會議長，辦理復員。

曾發起營建中原鎮燕嶺坡抗戰殉難義民公墓。

　　民國三十九年（1950）庚寅五月，海南易幟，攜眷隨軍遷臺，參加革命實踐研究院受訓，從事基層黨務工作，曾任桃園縣黨部第一組組長，臺南市、基隆市、苗栗縣黨部考紀會主任委員。

　　民國四十八年（1959）己亥，在臺南市，曾與南都文化界人士：莊松林、顏興、林光灝等人，組織「臺南市文史協會」，並主編《文史薈刊》，從事海南明賢丘濬與海瑞研究，精研丘海學說，傳播丘海精神。

　　民國六十二年（1973）癸丑，入華岡「中華學術研究院」研究三年，追隨張其昀（曉峰）問學。經常參加各項學術研究會議，獲益良多，精進神迅。

　　迨民國六十六年（1977）丁巳，自黨部退休後，北上擔任「廣東大廈籌建會」秘書。復與海南鄉紳：文朝籍、吉章簡、吳迺憲、龔少俠等人，籌組「中國丘海學會」，曾當選常務理事（編輯《丘海季刊》多年）、副理事長、理事長。

　　晚年眷懷故土，復隨廣東大老梁寒操先生，紹述嶺南文化，在臺北市廣東同鄉會，初任文獻會秘書、《廣東文獻》社社務委員。後膺任副社長兼總編輯，蒐集省志史料，設置海外分社，推廣《廣東文獻》（季刊）發行。

　　民國七十五年（1986）丙寅，臺北市廣東同鄉會理事長余俊賢（資政）先生，推動廣東省志之續編，應命擔任委員兼執行秘書，主持廣東省志資料整理與編刊，發行資料專輯。

　　王萬福氏，近四十年來，研讀編述，著作不尟，計分：專著本、合編本、輯刊本，如次：

專著本

《明丘文莊公年譜》

　　民國七十五年（1986）　臺北市　臺灣商務印書館

《旅臺問學記》

　　民國七十六年（1987）　臺北市　臺灣豪鋒出版社

《海南開拓史論集》

　　民國七十七年（1988）　臺北市　臺灣漢華文物出版社

《海南文化論集》

　　民國八十一年（1992）　臺北市　臺灣漢華文物出版社

《嶺南隨筆》

　　民國八十三年（1994）六月　苗栗縣立文化中心

　　　　附：僑社滄桑二十九則，嶺南詩話二十四則。

　　　　　（苗栗縣文學家作品集　11）

《詩經研究論文集》　臺北市　中國丘海學會

　　收集詩經文獻展覽，暨討論文學十篇

《海南抗戰紀要續編》　臺北市　臺灣漢華文物出版社

　　收海南七年抗日人員傳記二百人

《嶺學淵源記》　臺北市　臺灣漢華文物出版社

　　撰述朱次琦、陳東塾兩系學人，繼承陳白沙、丘瓊山淵

　　源，並附師承傳授系統表。

《粵省近代學人藝文志》（五羊叢書之二）

　　民國八十六年（1997）七月　臺北市　廣東文獻社

《嶺南名勝詩鈔》　臺北市　廣東文獻社

合編本

《海南抗戰紀要》

　　民國六十年（1971）　臺北市　海南抗戰卅週年紀念會

《海南王氏旅臺宗親家譜彙編》

　　民國六十六年（1977）二月　臺北市　海南王氏旅臺宗親聯誼會編印

《王國憲先生紀念集》

　　民國八十一年（1992）九月　臺北市　王國憲先生紀念籌備會編印

《海南抗戰碧血錄》

　　民國八十二年（1993）三月　臺北市　廣東省志籌備委員會編印

《梁寒操文集》　王萬福　沈旭步　勞穗生合編

　　民國八十年（90）代　臺北市　臺灣漢華文物出版社

輯刊本

　　王萬福氏，於八〇年代，發起《海南先賢文獻叢書》重印之議，「中華民國丘海學會」同仁贊成，乃據海南書局本重印。於海南先賢遺著傳承，亦多費心勞神。筆者與韓介光兄，皆在圖書館服務，時亦蓄意蒐集海南文獻史料，並與美國史丹福大學交換不少。特私請韓主任以政大社資中心名義，影印《海南叢書》全集（計九集二十一種）資料。

（一）海南先賢文獻叢書

《陳檢討集》　　明·陳　繗著

　　民國八十三年（1994）二月　臺北市　叢書重印委員會

　　（海南叢書・第五集之二）

《揚齋集》　　清・王承烈著

　　民國八十三年（1994）二月　臺北市　叢書重印委員會

　　（海南叢書・第六集之六）

《潘孺初公全集》　　清・潘　存著

　　民國八十三年（1994）二月　臺北市　叢書重印委員會

（二）海南先賢叢書

《陳中秘稿》　　明・陳是集著

　　民國八十三年（1994）八月　臺北市　叢書重印委員會

　　（海南叢書・第五集之一）

《張事軒集》　　明・張子翼著

　　民國八十三年（1994）八月　臺北市　叢書重印委員會

　　（海南叢書・第五集之四）

《晚明瓊山四進士遺文合集》

　　民國八十四年（1995）三月　臺北市　叢書重印委員會

　　鄭廷鵠《石湖遺集》　　（海南叢書・第六集之一）

　　林士元《北泉草堂遺稿》（海南叢書・第六集之二）

　　梁雲龍《梁中丞遺稿》　（海南叢書・第六集之三）

　　許子偉《許忠直公遺集》（海南叢書・第六集之四）

《白鶴軒集》　　清・韓錦雲

　　民國八十三年（1994）八月　臺北市　叢書重印委員會

　　（海南叢書・第九集之一）

（三）海南文獻叢書

《鷄肋集》　　明・王　佐著

民國八十四年（1995）三月　臺北市　叢書重印委員會

　（海南叢書·第三集之一）

《闡道堂遺稿》　　清·雲茂琦著

民國八十五年（1996）一月　臺北市　叢書重印委員會

　（海南叢書·第八集）

《致親堂集》　　清·林燕典著

民國八十五年（1996）一月　臺北市　叢書重印委員會

　（海南叢書·第九集之二）

《陳氏歷代名賢錄》　　陳紹胡著

民國八十四年（1995）七月　臺北市　叢書重印委員會

（四）丘海文獻叢書

《掣鯨軒吟草》　　陳怡黼著

民國八十一年（1992）七月　臺北市　丘海學會

　（丘海文獻叢書之五）

《景盧詩稿》　　萬民一著

民國七十九年（1990）七月　臺北市　丘海學會

　（丘海文獻叢書之十）

　　王萬福氏，晚年繼王國憲先達志業，彙整重印《海南先賢文獻叢書》，暨編刊《丘海文獻叢書》，亦有成耶。

　　陳　俊《海南近代人物誌》（頁四七五～四七七）、朱逸輝《海南名人傳略》（冊中·頁一七一～一七二）、楊冠雄《瓊海人物錄》（頁二二～二三），載有事略。

中華民國一〇一年（2012）壬辰歲十一月四日

臺北市：海南文獻史料研究室

蘇雲峰

苦學有成

　　蘇雲峰（1933～2008）氏，原名：蘇盛陵，海南崖縣（今三亞市）保港鎮（港門）人。於民國二十二年（癸酉）八月十五日生，民國九十七年（戊子）二月七日卒，壽年七十五歲。

　　蘇雲峰氏，幼年家庭變故，由小康轉清貧。童年在鄉中小學就讀，民國三十五年（1946）考入崖縣榆亞中學，民國三十九年（1950）庚寅歲四月（高一肆業）底，海南易幟，隨海南補給司令部轉進臺灣高雄。幸獲三叔陳定海先生指引，北上考入新竹師範學校，民國四十二年（1953）癸巳畢業，先後在桃園大崗小學，暨臺北縣萬里小學任教三年。

　　蘇雲峰氏，力求上進，於民國四十六年（1957）丁酉歲，考入國立臺灣師範大學社會教育學系（圖書館組）就讀，民國五十年（1961）辛丑夏畢業。隨以臨時人員進入中央研究院近代史研究所圖書館服務。工作半年，由於表現優異，獲郭廷以所長提攜，正式聘為助理員，並負責圖書館業務，於是邁進研究人員新里程碑。

　　蘇氏於〈退休感言〉有云：「我非科班出身，要擠入歷史領域，非虛心學習，努力以赴不可。」因其工作勤奮，表

現有目共睹，先後升任助理研究員、副研究員。於民國五十九年（1970）庚戌，由近史所（郭所長）派往美國哥倫比亞大學師範學院進修，民國六十一年（1972）壬子，獲哥大教育碩士，回國後升任研究員，離開圖書館，專心投入研究工作。

蘇雲峰氏，學有專精，曾獲聘國立臺灣師範大學、政治大學、東海大學之歷史研究所，博、碩士班研究生論文指導教授及口試委員。中研院《近史所集刊》執行編輯，研究人員聘用審查委員會委員，暨中華民國丘海學會常務理事、副理事長、理事長等職。

民國七十五年（1986）丙寅，首任中央研究院圖書館自動化規劃小組召集人，同計算中心主任奔走下，為今圖書館自動化奠定基礎。於中研院圖書館自動化系統，亦有極重要貢獻。直到民國八十八年（1999）己卯，蘇氏退休，乃獲聘為兼任研究員。

蘇雲峰氏，學識淵博，治學嚴謹，潛心研究，著作豐贍。特別是近代史，成果斐然，著有：專書及論文，如次：

（專　書）

《張之洞與湖北教育改革》

　　民國六十五年（1976）五月　臺北市　中研院近史所
　　376面　有像圖表　21公分
　　　　民國七十三年（1984）再版
　　　　（中央研究院近代史研究所專刊　35）

《中國現代化的區域研究（1860～1916）——湖北省》

　　民國七十年（1981）九月　臺北市　中研院近史所
　　593面　有像圖表　21公分

民國七十六年（1987）再版

　　（中央研究院近代史研究所專刊　41）

《私立海南大學（1947～1950）近代中國高等教育研究》

民國七十九年（1990）七月　臺北市　中研院近史所

210 面　有像圖表　21 公分

　　（中央研究院近代史研究所專刊　61）

《私立海南大學 1947～1950》（增訂版）

　　～近代中國高等教育研究～

二〇一一年四月　海口市　海南出版社

282 面　有像圖表　24.5 公分（十六開本）

　　（海南風叢書　第二輯・第二冊）

《從清華學堂到清華大學（1911～1929）》

民國八十五年（1996）八月　臺北市　中研院近史所

493 面　有像圖表　21 公分

　　案：近代中國高等教育研究

　　（中央研究院近代史研究所專刊　79）

《三（兩）江師範學堂：南京大學前身（1903～1911）》

民國八十七年（1998）　臺北市　中央研究院近史所

乙冊　有像圖表　21 公分

　　案：近代中國高等教育研究

　　（中央研究院近代史研究所專刊）

《抗戰前的清華大學（1928～1937）》

民國八十九年（2000）　臺北市　中央研究院近史所

乙冊　有像圖表　21 公分

　　案：近代中國高等教育研究

（中央研究院近代史研究所專刊）

《中國新教育的萌芽與成長（1860～1928）》

民國九十四年（2005）　臺北市　五南出版社

二〇〇七年　北京市　北京大學出版社

乙冊　有像圖表　21 公分（二十五開本）

《海南歷史文化論文集》

二〇〇二年九月　海口市　海南出版社

323 面　有圖表　21 公分

《湖北省道近代化的研究》（未見藏板）

（中央研究院近代史研究所地域研究叢書）

參見《粵省近代學人藝文志》（海南藝文志）頁 114

（研討會論文）

《宋代的海南教育》（抽印本）

原載：民國七十四年（1985）四月，臺北市・國立政治大學國際中國邊疆學術會議論文集》頁 1521～1551

又刊：臺北市《廣東文獻》（季刊）第十七卷第三期　頁 6～15（上），暨第四期　頁 19～24（下）。

案：收在《海南歷史文化論文集》（頁 28～57）

《東南亞海南移民史》（丘海叢書 15）

原載：中央研究院三民主義研究所《中國海洋發展史研討會論文集》（民國七十五年十二月）頁 249～288

案：收在《海南歷史文化論文集》（頁 193～227），題名〈東南亞瓊僑移民史〉。

《星洲瓊僑與中國革命》（1906～1927）（抽印本）

民國七十五年（1986）二月　臺北市　國立政治大學

國際關係研究中心《辛亥革命與華人研討會論文集》頁 294
～339，收在《海南歷史文化論文集》（頁 228～271）。

《海南在中國邊疆發展史中所呈現的特色》
—— 以臺灣爲比較對象 ——

原載：民國七十五年（1986）十二月，臺北市・中央研
究院近代史研究所《近代中國區域史研討會論文集》頁 85
～107，收在《海南歷史文化論文集》頁 1～27。

《張之洞與海南》（1884～1889）（抽印本）

原載：民國七十七年（1988）六月，臺北市・中央研究
院近代史研究所《清季自強運動研討會論文集》頁 461～
500。

　　案：臺北市《廣東文獻》（季刊）第十八卷第一期　頁
　　　　2～29（上），暨第二期　頁 28～49（下）有載。
　　　　又收在《海南歷史文化論文集》（頁 89～134），
　　　　並改篇名爲〈張之洞與海南建設〉。

《從南洋經驗到臺灣經驗 —— 1945 年以前的海南農業改良》

原載：民國七十八年（1989），臺北市・中央研究院近
代史研究所《近代中國農村經濟史論文集》頁 495～516，
收在《海南歷史文化論文集》（頁 135～160）。

〈從海南與南海的史地關係論南海主權之歸屬〉

原載《兩岸及海外華人南海學術研討會論文集》（臺北
市・中國國際法學會，1994 年）頁 33～43。

民國八十三年（1994）九月，臺北市・《國立中央圖書
館臺灣分館館刊》（一卷一期），暨民國八十四年（1995）
一月，臺北市《南風》（中華民國南風學會出版）有載。

又收在《海南歷史文化論文集》（頁 183～192）

〈海南蘇氏源流考〉

原載：二〇〇二年三月，海口市・海南出版社，周偉民《瓊粵地方文獻國際學術研討會論文集》（頁 255～267），收在《海南歷史文化論文集》頁 294～306。

（二）論　文

蘇雲峰氏，除專著外，其論文、書評、史料介紹，爲數不鮮，分見於各刊物，就其知見者，列著如次，以供查考。

（廣東文獻）

〈康有爲主持下的萬木草堂〉

第十五卷　第三期　頁九～二二（上）

第十五卷　第四期　頁一〇三～一一七（下）

〈廣雅書院的教化與成就〉

第十六卷　第一期　頁七～一七（上）

第十六卷　第二期　頁三四～五一（中）

第十六卷　第三期　頁三～三二（下）

〈宋代的海南教育〉

第十七卷　第三期　頁六～一五（上）

第十七卷　第四期　頁一九～二四（下）

原載於國立政治大學邊政研究所《國際中國邊疆學術會議論文集》（1985 年），亦收在《海南歷史文化論文集》（頁 28～57）。

〈張之洞與海南〉

第十八卷　第一期　頁二一～二九（上）

第十八卷　第二期　頁二八～四九（下）

原載中央研究院近代史研究所《清季自強運動研討會論文集》（1988 年 6 月），亦收在《海南歷史文化論文集》（頁 89～134），改篇名爲〈張之洞與海南建設〉。

〈陳榮庵先生著作目錄〉

民國八十六年（1997）七月　臺北市《廣東近代學人藝文志》（十三・頁 59～73），參（七・頁 34）。

案：原載中央研究院文哲所《文哲通訊》第二期

〈吳大猷中央研究院院長著述篇目〉（英文版）

民國八十六年（1997）七月　臺北市《廣東近代學人藝文志》（14・頁 74～84），參（九・頁 44）。

（丘海學會）

〈研究海南開發史的幾點意見及有關文獻〉

民國六十九年（1980）二月　臺北市《中國丘海學會會刊》　第二期　頁 15～16

〈丘濬（1421～1495）〉

民國七十三年（1984）六月　臺北市《丘海學術研究論文集》　第一輯　頁 23～34

案：收在《海南歷史文化論文集》（頁 58～82），題名爲〈丘濬：一位來自海南的布衣卿相〉。

〈康有爲主持下的萬木草堂〉

民國六十八年（1979）十月　臺北市《丘海學術研究彙編》第二集　頁 4～25（上）

民國六十九年（1980）六月　臺北市《丘海學術研究彙編》第三集　頁 8～27（下）

〈中國現代化的區域研究 —— 湖北省緒論〉

民國七十年（1981）　臺北市　《丘海季刊》第二、三期（三民主義統一中國專輯）　頁 37～39、42。

〈丘濬：一位遙從海外數中原的布衣卿相〉

民國七十一年（1982）九月　臺北市　《丘海季刊》　第五、六期（合刊）　頁 9～20

案：收在《海南歷史文化論文集》　頁 58～82

〈王著《海南文獻資料簡介》序〉（談海南之內地化）

民國七十二年（1983）十二月　臺北市　《丘海季刊》第九期　頁 19～20

案：改作《海南歷史文化論文集》（自序）

〈丘濬與大學衍義補〉（十五世紀中國的經世思想）

民國七十四年（1985）三月　臺北市　《丘海季刊》第十、十一期（合刊）　頁 7～8（未完）

案：作者：朱鴻林（普林斯頓大學博士）

譯者：蘇雲峰。

〈關於王鳴亞的傳略及其七張委任狀的背景說明〉

民國七十四年（1985）三月　臺北市　《丘海季刊》第十、十一期（合刊）　頁 43～46

〈海南大學簡介〉

民國七十九年（1990）十一月　臺北市　《丘海季刊》第二十九期　頁 33～37

〈如何鞏固及開發南海四沙資源：一個區域歷史的觀點〉

民國八十年（1991）九月　臺北市　《丘海季刊》　第三十、三十一期（合刊）　頁 30～32

案：收在《海南歷史文化論文集》　頁 310～313

〈星馬華人在抗日戰爭中的犧牲與奉獻〉（1937～1945）

原載：吳倫霓霞、鄭赤琰《兩次世界大戰期間在亞洲之海外華人》（1989 年出版）

收在《海南歷史文化論文集》　頁 272～293

〈日軍在海南之暴行〉（1937～1945）

民國九十年（2001）十月　臺北市《海南文獻》　第二十九期　頁 1～20

案：收在《海南歷史文化論文集》　頁 161～174

綜合言之，蘇雲峰氏，為人耿直爽快，立身行世，嚴以律己，誠以待人，心宅仁厚，莫與人爭，更不與世爭。畢生擇善而學，潛心學術研究，專事著作，從不中輟，數十年來，始終如一。

蘇氏與余，以書相熟，以文會友，鄉誼友誼，交識半世紀，相知感心神。近三十年來，勇敢挑戰病魔，超越心靈極限。於今，平安無懼辭世，寧靜安息與神永生！

今逢老友八十冥誕，特誌述其生平行誼大端，以慰在天英靈，藉申哀思與悼念。老友好走，慟哉！

陳俊《海南近代人物誌》（頁 588）、朱逸輝《海南名人傳略》（冊中·頁 303～304），載有事略。

中華民國一〇一年（2012）壬辰十一月二十七日
臺北市·海南文獻史料研究室

王會均

海南文獻活目錄

　　王會均（1932～），海南文史作家。字和如，號正文，室名：和怡書屋。民國二十一年（壬申）五月二十七日生，童年遭受匪患，暨日軍侵瓊，失學又失怙，兄弟由祖母扶養。

　　民國三十四年（1945）乙酉九月，抗戰勝利復員，始入陽江小學四年級就讀，畢業後考取廣東省立瓊崖中學（今嘉積中學）。於民國三十九年（1950）庚寅五月，海南易幟，兄弟二人同樂會縣政府（時姑丈黎卓仁任縣長）眷屬，隨國軍轉進臺灣，今定居臺北市大安區。

　　來臺之初，身貧如洗，無法就學，次哥會選與盧業鈞、馮業浩三人，由表舅黃明日（時任工鑛公司管理師兼秘書）安排，考入臺灣省警察學校（警員班）。民國四十年（1951）辛卯一月畢業，分發高雄市政府警察局服務。於民國七十五年（1986）丙寅十一月，在前鎮分局巡佐任內，因公積勞成疾，病逝高雄市立民生醫院，享年六十歲。

　　余亦由表舅介紹，在臺灣省公產管理審議委員會工作，尋由盧遜表兄，介入桃園大秦紡織廠習技術，亦莫忘進修，充實學識。於民國四十六年（1957）丁酉九月，考取政工幹

部學校（今政治作戰學院）七期（專科部）政治科，在學二年（六學期），勤勉苦學，獲益匪淺，是人生轉捩點，亦奠定仕途根基與方向。

民國四十八年（1959）己亥十月畢業，分發國軍基層連隊服務，歷任：幹事、指導員、輔導長、反情報官、輔導官、訓導員、政戰官等軍職。於民國五十六年（1967）丁未，參加行政特考乙等普通行政人員及格。

民國五十七年（1968）戊申七月，考取中國文化學院（城區部）行政管理學系。在學四年，半工半讀，認真力學，品學兼優，獲得不少獎學金，順利完成大學教育，更堅定其從政基礎。

民國五十九年（1970）庚戌二月一日，服役十年屆滿，奉核准退役（伍）。並參加臺北市政府社會局甄試，派任臺北市國民就業輔導處課員，主辦求才求職業務，對國民及榮民輔導就業，竭盡心力，深獲長官及就業者稱讚。

民國六十一年（1972）壬子六月，文化大學畢業，蒙袁金書恩師垂愛，協調臺灣省立臺北圖書館（前身為臺灣總督府圖書館，今改制國立臺灣圖書館）服務。次（62）年（1973）歲在癸丑元月一日到職，派任副研究員兼事務股長。這是邁進圖書館服務起點，亦係從事學術研究，暨海南文史撰著的發源地。

民國六十二年（1973）癸丑七月一日，臺灣省立臺北圖書館改隸教育部，更名為國立中央圖書館臺灣分館。於是職務有所更動，民國六十三年（1974）元月，調採編組中文編目，熟稔圖書分類。諺云：「行萬里路，讀萬卷書。」認真

習練四年，亦是閱讀最佳機緣。

　　民國六十七年（1978）戊午歲初，調參考諮詢組，負責中文參考服務，由靜而動，面對讀眾，熱誠服務，助人助己，益人益己。由於學習、求知、研究、著作，同步進行，亦同步成長。次（68）年（1979）己未歲五月，臨時受命，接掌組務（主管參考服務、館際合作及微縮作業），挑戰極限，更感惶恐，競競業業，學者需求，必使滿意，反應良好，讚稱：「活目錄」，足堪告慰矣。

　　任職期間，拓展業務，以「十大建設」，續而「十二項建設」，暨「臺灣史料」爲主題，進行剪報作業，精裝成冊，於參考室設置專櫃，公開陳列閱覽，成爲臺灣公共圖書館特色。中央日報副刊主編孫如陵（仲父）先生，在春節作者聯誼茶會，暨讀者剪報經驗座談會，借用公開示範展覽，衝動一時，成爲熱門話題。行政院文化建設委員會，建制伊始，莊芳榮科長，特影印《文化建設》卷（相關論文），彙輯出刊專集。

　　同此時期，推行館際合作，協議分攝各報刊，國立中央圖書館負責《聯合報》、《臺灣新生報》，臺灣分館攝製《中國時報》，暨早期報刊，諸如《公論報》、《大公報》、《中央日報》（上海版、福建版），國立政治大學負責《中央日報》（臺北版，民國三十八年復刊後），互相交換。於國外與美國史丹福大學東亞圖書館（胡佛研究所），交換合作。並應「日本沖繩文獻會」邀請，同朱館長參訪琉球各文教機構，暨名勝古蹟。協與「沖繩縮影資訊株式會社」合作，派員來館攝製《臺灣日日新報》（日文版）完成，本館節省龐

大的人力及財力。更維護《臺灣日日報》安全，暨讀眾借閱
（微捲片）權益。並規劃「善本線裝書微縮作業計劃草案」，
陳教育部核定實施，以促進資源流通。

　　民國七十六年（1987）丁卯四月，調閱覽典藏組主任，
竭力維護文獻古籍安全，策訂「善本線裝書裱背修補計劃」，
暨「日文舊籍及南洋資料修補裝訂計劃」、「舊籍圖書借印
出版辦法及作業要點」，對文化資產保藏管理與閱覽流通，
殊有貢獻。同時積極改善閱覽設備及環境，提昇服務品質，
修訂各項閱覽規章，設置「臺灣資料室」（庫）與「海南及
南海資料專櫃」，採開架式陳列自由閱覽，保障讀眾權益，
不遺餘力，有「讀者保護神」雅稱，深獲社會各界人士及公
眾讀者讚許，更獲「海南文獻守護神」美譽。

　　民國八十三年（1994）甲戌七月，改調推廣輔導組主任，
殫精竭慮，研擬教育部囑訂「加強公共圖書館建設三年計劃
草案」，暨「財團法人北港朝天宮宗教圖書館規劃草案」，
籌劃各項社教活動，諸如：社教班，巡迴展覽（各文化中心）、
講習班（鄉鎮圖書館、國中小學圖書室管理人員）、研談會
（公共圖書館人員工作經驗交流研談），對各級公共圖書館
建設，落實各文化中心社教功能，建立書香社會（社區文化），
實現終身學習（活到老、學到老），提昇全民生活素質，竭
功至偉，被稱「推廣王」。

　　規劃籌辦「南海資料交換合作座談會」、「海南暨南海
學術研討會」（行政院交辦、教育部囑辦）、「鄉土史教育
學術研討會」，會後編印《各單位館藏研究報告》（南海及
海南史料）、《座談會實錄》，《海南暨南海學術研討會論

文集》、《研討會實錄》、《鄉土史教育學術研討會論文集》、
《研討會實錄）六書，對促進兩岸資料交換合作與資源共享，
暨國際學術文化交流，殊有貢獻，深獲學術界佳評。

　　策訂「臺灣地區公共圖書館經營現況研究計劃書」，委
由國立陽明大學通識教育中心（計劃主持人：廖又生博士），
分三階段進行調查研究，並編印《臺灣地區公共圖書館經營
管理現況調查研究（一）：省（市）立圖書館暨社會教育館
附設圖書室》、《臺灣地區公共圖書館經營管理現況調查研
究（二）：縣（市）立文化中心暨圖書館》，暨《臺灣地區
公共圖書館經營管理現況調查研究（三）：鄉鎮（市）立圖
書館》三冊，提供具體結論與建議，作各公共圖書館經營管
理指引方向，俾達到政府積極推動「書香社會」之最終目的
與最高境界。

　　民國八十六年（1997）丁丑八月，自公職退休後，積極
彙整海南史料，潛心海南學術研究，專事海南文史著作，出
版《海南文獻叢刊》（參見個人專著），宣揚海南傳統文化，
提供士林學子，暨邦人士子參閱。

　　余曾數次應海南大學，暨海南省文化歷史研究會邀請，
參加「丘濬海瑞學術研討會」、「陳序經學術研討會」，先
後發表多篇論文。並作環島文化教育之旅，參訪各圖書館、
博物館，學術交流，演講座談，促膝談心，記憶猶新，亦甚
懷念耶。

編刊官書

緣自民國六十八年（1979）五月，至民國八十六年（1997）八月一日（奉准退休）間。分任參考諮詢組（1979.5～1987.4）、閱覽典藏組（1987.5～1994.6）、推廣輔導組（1994.7～1997.8）主任。於十八年（1979.5～1997.7）間，分別編刊官書，計有二十二種，依其年月，列著於次：

《攝製縮影圖書資料簡介》

　　民國七十一年（1982）六月　臺北市　國立中央圖書館臺灣分館（參考諮詢組）

《中文參考圖書目錄》

　　民國七十七年（1988）六月　臺北市　國立中央圖書館臺灣分館（參考諮詢組）

《中文臺灣資料目錄》

　　民國八十二年（1993）十月　臺北市　國立中央圖書館臺灣分館（閱覽典藏組）

《圖書館與我全國漫畫暨徵文比賽得獎作品專輯》

　　民國八十三年（198　）十二月　臺北市　國立中央圖書館臺灣分館（推廣輔導組）

《智識寶庫廣播節目臺灣歷史系列演講專集》

　　民國八十四年（1995）五月　臺北市　國立中央圖書館臺灣分館（推廣輔導組）

《智識寶庫廣播節目盲人資料演講專集》

　　民國八十四年（1995）六月　臺北市　國立中央圖書館

臺灣分館（推廣輔導組）

《智識寶庫廣播節目兒童文學系列演講專集》

　　民國八十四年（1995）九月　臺北市　國立中央圖書館
臺灣分館（推廣輔導組）

《慶祝建館八十週年論文集》

　　民國八十四年（1995）十月　臺北市　國立中央圖書館
臺灣分館（推廣輔導組）

《民俗器物圖錄》（徽章篇上）

　　民國八十四年（1995）六月　臺北市　國立中央圖書館
臺灣分館（推廣輔導組）

《民俗器物圖錄》（徽章篇下）

　　民國八十五年（1996）一月　臺北市　國立中央圖書館
臺灣分館（推廣輔導組）

《民俗器物圖錄》（古玉兵器篇）

　　民國八十六年（1997）四月　臺北市　國立中央圖書館
臺灣分館（推廣輔導組）

《南海資料交換合作座談會：各單位館藏研究報告》

　　民國八十四年（1995）九月　臺北市　國立中央圖書館
臺灣分館（推廣輔導組）

《南海資料交換合作座談會實錄》

　　民國八十五年（1996）五月　臺北市　國立中央圖書館
臺灣分館（推廣輔導組）

《海南暨南海學術研討會論文集》

　　民國八十五年（1996）二月　臺北市　國立中央圖書館
臺灣分館（推廣輔導組）

《海南暨南海學術研討會實錄》

民國八十五年（1996）六月　臺北市　國立中央圖書館臺灣分館（推廣輔導組）

《鄉土史教育學術研討會論文集》

民國八十六年（1997）六月　臺北市　國立中央圖書館臺灣分館（推廣輔導組）

《鄉土史教育學術研討會實錄》

民國八十六年（1997）六月　臺北市　國立中央圖書館臺灣分館（推廣輔導組）

《臺灣地區公共圖書館經營管理現況調查研究（一）》
── 省（市）立圖書館暨社會教育館附設圖書室

民國八十五年（1996）十月　臺北市　國立中央圖書館臺灣分館（推廣輔導組）

《臺灣地區公共圖書館經營管理現況調查研究（二）》
── 縣（市）立文化中心暨圖書館

民國八十六年（1997）六月　臺北市　國立中央圖書館臺灣分館（推廣輔導組）

《臺灣地區公共圖書館經營管理現況調查研究（三）》
── 鄉鎮（市）立圖書館

民國八十六年（1997）七月　臺北市　國立中央圖書館臺灣分館（推廣輔導組）

《館藏視聽資料目錄》（錄影帶篇）

民國八十六年（1997）六月　臺北市　國立中央圖書館臺灣分館（推廣輔導組）

個人專著

　　余於「半畝良田」，辛勤筆耕，收獲不尠。不但助人，復亦益世也。

（和怡書屋叢刊）

《公共行政書錄》

　　民國六十八年　臺北市　手稿本

《中華民國企業管理資料總錄》

　　民國六十八年　臺北市　哈佛企業管理顧問公司

《公文寫作指南》

　　民國七十二年　臺北市　文史哲出版社

《縮影圖書資料管理》

　　民國七十二年　臺北市　文史哲出版社

《視聽資料管理：縮影研究》

　　民國七十四年　臺北市　文史哲出版社

《縮影資訊系統研究》

　　民國七十七年　臺北市　文史哲出版社

《同文合體字》

　　民國一〇一年　臺北市　文史哲出版社

《廣東八大鄉賢綜傳》（半完稿）

《和怡書屋文集》（彙輯中）

（海南文獻叢刊）

《海南文獻資料簡介》

　　民國七十二年　臺北市　文史哲出版社

《海南文獻資料索引》

　　　民國七十七年　臺北市　文史哲出版社

《日文海南資料綜錄》

　　　民國八十二年　臺北市　文史哲出版社

《海南方志資料綜錄》

　　　民國八十三年　臺北市　文史哲出版社

《走向世界　全盤西化：陳序經博士》

　　　民國九十五年　新北市　國立臺灣圖書館

《南海諸島史料綜錄》

　　　民國九十八年　臺北市　文史哲出版社

《海南王曰琪公次支系譜》

　　　民國九十九年　臺北市　文史哲出版社

《白玉蟾：學貫百家　書畫雙絕》

　　　民國一〇〇年　臺北市　文史哲出版社

《海南方志探究》（上下冊）

　　　民國一〇一年　臺北市　文史哲出版社

《海南文化人》

　　　民國一〇一年　臺北市　文史哲出版社

《海南建置沿革史》

　　　民國一〇二年　臺北市　文史哲出版社

《海瑞：明廉吏　海青天》

　　　民國一〇二年　臺北市　文史哲出版社

《羅門・蓉子：點線面》

　　　民國七十八年　臺北市　手稿本

《王祿松：詩畫家・點線面》

　　民國一〇一年　臺北市　手稿本

　　此外，半完稿待梓者，預計於民國一〇七年（2018）完成，出刊。

《丘濬：神童・賢輔・宗師》

《海南作家與作品》

《海南公文書類綜錄》

《海南戲曲》（緒言、結語）

《陸官校：海南校友錄》

《海南文獻知見錄》（一九五〇年後，中國出版品）

《海南文獻待訪錄》（佚書）

《歷代瓊人著述書錄》（待抄稿）

《廣東文獻：海南史料通檢》（半完稿）

《海南文獻史料綜錄》（增補本）

《海南文史評論集》（結集中）

　　余在國立中央圖書館臺灣分館（前身爲臺灣總督府圖書館，今名：國立臺灣圖書館）服務二十五載，曾任參考諮詢組、閱覽典藏組，推廣輔導組主任，對主管業務，研擬各項計劃，改進各項措施，編印官書二十二種，館刊三卷十二期（合裝三冊），殊有貢獻，獲選教育部優秀教育人員。其優良事蹟，如次：

　　一、擬定本館「攝製線裝圖書縮影捲片計劃」、「日文舊籍圖書修護裝訂計劃」，陳教育部核定實施，並逐年編列預算進行「修護裱背裝訂」作業，搶救南洋資料，日文舊籍，善本線裝書，近二十萬餘冊，對主管業務研提改進措施，成

效卓著，殊有貢獻。

　　二、規劃設置「臺灣資料室」（庫），採開架式集中管理中日文臺灣文獻史料，並編印《中文臺灣資料目錄》，贈送各圖書館與文教機構參考使用，對臺灣學術研究具有貢獻，殊獲學界重視與肯定。

　　三、研擬教育部囑訂「加強公共圖書館建設三年計劃草案」，暨「財團法人北港朝天宮宗教圖書館規劃草案」，對各級公共圖書館建設，落實公共圖書館社會教育功能，建立書香社會（社區文化），實現終身學習，提昇全民生活素質，竭功至偉。

　　四、規劃籌辦「南海資料交換合作座談會」、「海南暨南海學術研討會」（行政院交辦、教育部囑辦），會後編印《各單位館藏研究報告》、《座談會實錄》，《海南暨南海學術研討會論文集》、《研討會實錄》四書。對促進兩岸資料交換合作與資源共享，暨國際學術文化交流，極有貢獻，深獲學界佳評。

　　五、從事圖書館事業研究與發展工作二十餘年，不餘遺力，著有《中華民國企業管理資料總錄》、《公文寫作指南》、《縮影圖書資料管理》、《縮影資訊系統研究》專書，尤其後兩書，對我國縮影資訊科技教育推廣，暨縮影資訊事業發展，殊有貢獻，深獲圖書館界與縮影界讚譽。

　　六、從事海南（南海）文獻研究十餘年，著有《海南文獻資料簡介》、《海南文獻資料索引》、《日文海南資料綜錄》、《海南方志資料綜錄》專書，實係海南學術研究必備參考書，深獲海內外學界重視。

余於臺灣分館，坐享書城，同書交友，與書欣舞，懷書共眠，心曠神怡，快樂無比。沉溺書海，二十五載，漁獲豐贍，耕讀生涯，人生美夢，趣味無窮！

陳俊《海南近代人物誌》（頁 478）、楊冠雄《瓊海人物錄》（頁 41），載有事略。

中華民國一〇一年（2012）壬辰十一月三十一日

臺北市：海南文獻史料研究室

八秩瑣譚

人生八十古來稀，於今宇內趴趴走！

人生，不是爭甚麼，得多少！而是給予人群甚麼，留給人類多少。

人，生不帶來，歿不帶去。灰骨一罈，黃土一抔。唯有健康快樂，才是人生幸福！

> 人之一生歷程，酸甜苦辣雜陳。
> 出生哭哭啼啼，嬰孩渾渾噩噩。
> 童稚懵懵懂懂，少年甜甜蜜蜜。
> 青年快快活活，壯年忙忙碌碌。
> 中年苦苦樂樂，晚年安安逸逸。
> 耄耋糊糊塗塗，入土清清靜靜。

余之入世，生不逢時，亦不逢地，內憂外患，戰亂頻仍，痛失怙恃，長兄大姊。次哥與我，離鄉背井，顛沛流離，隨軍轉進，至萬寧縣，於烏魚場，渡大洲島，飄洋過海，抵達蓬萊，哥入警校，吾進工廠，得以餬口。幹校招考，幸獲錄

取，進復興崗，會諸校友，同窗二載，切嗟琢磨，獲益匪淺，師友情誼，永銘心神。畢業分發，基層連隊，東西南北，各奔前程，雄心萬丈，勇敢邁進。奉獻十年，無怨無悔，有成有敗，留退在己，任君抉擇，轉換跑道，重新再起，追尋美夢，人生願景！

吾退之後，半工半讀，初任公職，入北市府，派輔導處，服公二年，志趣闕缺。文大畢業，蒙師介薦，任省北圖，副研究員，同書為友，與書欣舞，心曠神怡，快樂無比。於圖書館，坐享書城，懷書共眠，沉溺書海，二十五載，漁獲豐贍。經六館座，信賴重用，參考諮詢，閱覽典藏，推廣輔導，三組主任。從公信念，面向人群，心朝讀眾，善化人心，美化人生，福報社會。於是乎哉！博求新知，以廣見識，助人益己，推己及人，不求名利，讀讔生涯，人生美夢，趣味無窮。

古人云三不朽，立功立德立言。余之生平行世，立功一無所成，立德不足為儀，立言了無遺憾，足堪自我告慰矣！欲知吾者，雅虎奇摩，Google 微軟，學術網路，鍵王會均，於目瞭然，一覽無遺，就知道了，博君一笑！

人生苦短，世事難料，有苦有樂，悲歡離合，感慨萬千，八十年來，立身行己，克勤克儉，始終如一。擇善而學，抉義而居，心宅仁厚，莫與人爭，淡泊灑脫，不忮不求，終致遐齡。耄耋之年，不談政事，無憂無愁，爬山健行，活絡筋骨。或訪道友，相尚以道，以文會友，促膝談心，休閑生活，樂樂樂樂！

人之一生，生不帶來，死不帶去，灰骨一罈，黃土一抔。落葉生根，萌芽茁壯，幹葉茂盛，開花結果。士林世家，積

德行善，廣種福田，世代傳承，家道昌興，蔭庇後人，子秀
孫賢，天地德義，求寶用樂。人生於世，福禍由心，心存善
念，福報眾生，天佑臺灣，風調雨順，國泰民安，吾願足矣。
美哉！盛哉！

中華民國一○○年（2011）歲次辛卯五月二十二日

臺北市：和怡書屋

王纂《海南方志探究》書影
文史哲出版社本

卷之三 禮 俗

本（禮俗）卷，計收三篇，約二萬餘言，內中：〈龍冠海：社會學大師〉，係在民國一〇一年（2012）十一月十八日完稿。

至於〈岑家梧：爲民族教育事業奮力〉，曾在民國九十年（2001）四月，臺北市《廣東文獻》（季刊）第二十九卷第二期（頁 28～34 上）。暨同年（2001）七月。《廣東文獻》第二十九卷第三期（頁 47～54 下）刊載。

又〈王興瑞：人類學家〉，於民國八十九年（2000）十一月。在《廣東文獻》第二十八卷第四期（頁 65～71）刊載，題名爲〈海南人類學家：王興瑞生平與著作〉。

案：後二文（摘要本），於民國八十四年（1995）間，曾在《中央日報》（長河版）發表。

龍冠海

社會學大師

　　龍冠海（1907～1983）氏，又名：龍程英，瓊山縣人。清光緒三十三年（1907）丁未十二月二十四日生，民國七十二年（1983）癸亥歲五月十八日病逝，享壽七十八歲。①

　　龍冠海氏，幼承庭訓，在鄉啓蒙，初入學館，習讀經書，後進學堂，無所不精，續入鄰村高小，篤志勤學，成績斐然。於失怙後，赴馬來亞，從叔習商。未幾，入育才小學，再入新嘉坡中華中學，肄業三載。民國十二年（1923）癸亥，考入清華學堂（留美預備班），成績優異，獲獎學金。民國十八年（1929）己巳歲，赴美留學，入史丹福大學社會學系，從客座教授凱斯（case）遊，年半畢業，獲碩士學位。民國二十年（1931）辛未，入南加州大學研究院攻社會學，民國二十四年（1935）乙亥，獲博士學位，指導教授鮑格達斯（Bogardus），乃當代著名社會學家。

　　注①：

一、陳俊《海南近代人物誌》（頁 146）作：瓊山縣會
　　文市（今隸：文昌市）布村人，清光緒十七年（1891）
　　辛卯歲生。

二、朱逸輝《海南名人傳略》（冊上・頁259）作：1906
　　年（清光緒三十二年丙午歲）十二月生，海南省文
　　昌縣（今名：文昌市）竹林鎮仙昌墟富春村人。

三、吳運秋《文昌鄉情人物錄》（頁742）作：1891年
　　（清光緒十七年辛卯歲）生於重興鎮育英管區富春
　　村。

四、范運晰《瓊籍民國人物傳》（頁99）作：1891年（清
　　光緒十七年辛卯歲）生，文昌市重興鎮富春村人。

五、郭仁勇《文昌將軍傳》（頁342）作：1906年（清
　　光緒三十二年丙午歲）十二月生，海南省文昌縣重
　　興鎮仙昌墟富春村人。

　　龍氏學成隨即返國，聘為南京金陵女子文理學院社會學
系主任，並參與中國社會研究工作。民國三十六年（1947）
丁亥，承吳貽芳校長推薦，由「美援會」派往美國考察「社
會學與社會工作之發展」進修和研究一年。因系清華大學畢
業，又在史丹福大學，暨南加州大學深造，故在美國人緣極
佳。是次考察和研究，先後在美國紐約參加三項社會學術會
議，考察十五個社會福利機構，並在芝加哥參訪十所福利單
位。另訪問南加州、哥倫比亞、耶魯、波士頓、西北、史丹
福、芝加哥、哈佛、匹茲堡、田納西等十所著名大學。據其
紀錄，一年訪問心得，勝在美國求學五年所獲更多。於民國
三十七年（1948）返國後。轉聘廣州中山大學任教。

　　民國三十八年（1949）己丑，南京易幟，乃追隨政府遷
臺，歷任：國立臺灣大學、臺灣省立法商學院（今名：國立
中興大學）、國立政治大學，暨東海大學等校教授。民國四

十九年（1960）庚子，乃聯合國內社會學者，復議創立臺大社會學系，並獲美國亞洲協會支持，始得實現。聘為系主任，制訂計劃，羅致人才，策進發展，慘澹經營。曾主編《中國社會學刊》、《社會學刊》。《臺灣省社會統計資料》、《社會學辭典》、《社會研究法》（臺北市　廣文書局）

　　案：民國四十年（1951）辛卯，發起成立「中國社會學社」，被選為常務理事，主編《中國社會學刊》（創刊號）。

　　龍冠海氏，專心從事各種社會調查與研究，暨社會計劃與政策之釐定。並廣蒐集資料，勤勉著述，以濟孔儒。尤以中原板蕩，神州易幟，大學播遷，圖冊盡佚，教授攜帶書籍有限，社會學（英文版）與教授講義，已不足濟時所需，乃積極而不斷著作，諸如：

《社會學講話》　民國四十一年（1952）版

　　民國四十四年（1955）中華文化事業出版委員會本

　　（國民基本知識叢書　第三輯）

《社會學》　臺北市　三民書局本

　　本《社會學》，內容豐富，見解精闢，深受好評，廣被採用，已逾十版。

《社會學概要》　臺北市　三民書局

《中國人口》　臺北市　中華文化事業出版委員會

《社會學文選》

《社會調查概述》　臺北市　文星書店

《社會與人》　臺北市　文星書店

《社會學與社會問題論叢》　臺北市　正中書局

《社會思想史》　　臺北市　三民書局　370面

《中國（社會）思想史》

《社會調查與社會工作》　　臺北市　三民書局

《都市社會學理論與應用》（自印）

《臺灣城市人口調查與研究》

《美蘇少年組織》

《社會人口與資源》

《社會學名著選讀》（英文版）　臺北市　文星書店

《普通社會學讀本》（英文本）

《臺北市社會基圖》　臺北市　文星書店

《社會調查集刊》（上下集）　南京金陵大學社會學系

《中國社會思想論叢》

《世界人口與資源》（翻譯本）　中華文化事業出版委員會

《社會思想家小傳》（自印）

《臺北市古亭區社會調查報告》

《社會學與社會意識》

　　此外尚在刊物發表，有關各種社會學論文百數十篇，於臺灣社會學發展，暨教學與研究，貢獻殊偉，世譽為「社會學大師」。

　　龍冠海氏，學識淵博，治學嚴謹，畢生從事社會學教授與研究，經常應政府顧問，設計社會工作，曾被聘為考試院典試委員。暨中國社會學社理事長，於民國七十一年（1982）壬戌，榮獲「中國社會學社」頒發「特殊貢獻獎」。

　　然正在領導方殷之際，由於操勞過度，積勞成疾，倏於民國六十年（1971）中風，雖行動不便，仍能授課。在六十

二年（1973）癸丑，堅辭國立臺灣大學社會學系主任，民國六十六年（1977）丁巳，辦理退休，尤持續著述，以左手書成《社會學與社會意識》、《社會思想家小傳》。

　　龍冠海氏，沉默寡言，孤身奮力。終生不取，由於積勞成疾，體力日衰，不意於民國六十七年（1978），再度中風，病情嚴重，不能語言，輾轉牀第，痛苦備嚐。在七十二年（1983）四月初，以尿道炎入院手術，終因年事已高，臥病日久，諸症併發，救治無效，於五月十八日零時，在臺大醫院逝世。嗚呼！大師其萎，慟哉！

> 龍冠海氏，沈默寡言，態度從容，自尊尊人，
> 君子風範。臺灣大學，社會學系，創立伊始，
> 千頭萬緒，規劃學程，羅致人才，事無鉅細，
> 同仁商榷，光明磊落，自我期許，終其一生。
> 治學嚴謹，知識淵博，於社會學，教學研究，
> 著作豐碩，知者欽敬。獻力教育，鞠躬盡瘁，
> 死而後己，培育學子，多有所成，衣缽傳承，
> 慶幸有人。巨星殞落，震撼學壇，士林哀傷，
> 大師其萎，嗚呼慟哉！

　　徐友春《民國人物大辭典》（頁 1538）、陳俊《海南近代人物誌》（頁 146～148）、朱逸輝《海南名人傳略》（上冊・頁 259～260）、吳運秋《文昌鄉情人物錄》（頁 742）、范運晰《瓊籍民國人物傳》（頁 99～100），皆載有傳略。

　　中華民國一〇一年（2012）壬辰十一月十八日
　　　臺北市・海南文獻史料研究室

岑家梧

爲民族教育事業奮力

　　岑家梧（1912～1966）氏，乃歷史學家，亦是著名的社
會學與民族學者，海南特區澄邁縣（岑后村）人。距生於民
國元年（壬子）七月二十七日，慟於民國五十五年（丙午）
九月四日，享年五十五歲。

　　岑氏早失怙恃，有一兄一姊務農，家境貧寒。幼在鄉里
就讀幾年小學，於民國十七年（1928）秋月，因困於生活，
隨鄉人往羊城找工作，寄居在廣州族叔（當醫生）家，幸獲
協助考取廣東省立第一中學（前身係著名：廣雅書院，今名：
廣雅中學）初中（特設工讀班）。由於資質聰穎，勤奮好學，
深獲師長喜愛。

　　岑氏初中畢業那年，隨瓊籍學長王興瑞（著名人類學家）
往北平升學（在船上認識著名金石學家容庚教授，倍加勉勵
其有志向學，特贈予大洋五元，以作盤資，而容老亦成爲岑
氏從事學術研究之啓蒙導師），初進私立輔仁中學高中就讀
一學期，因學費無著而中輟，整天埋頭北平圖書館裡發奮自
修。有一次，前往北京大學聆聽許地山教授（燕京大學著名
民俗學家）專題演講，深覺其中許多內容，有與海南黎族風

俗相似，而引發其對人類學極度興趣，並奠定了終生奮鬥追
求的目標。

民國二十一年（1932），廣州中山大學在北平招生，考
取中大社會學系，返回廣州就讀。岑氏對於社會學系主要課
程（人類學、民俗學、社會學、社會進化史、中國社會史），
具有濃厚興趣，自動奮發，專心精究，深獲授課教授（胡體
乾、許地山、何思敬、鄧初民）讚賞與嘉勉。於思想上、理
論上，產生其深邃影響，並立志於邊疆地區從事社會調查研
究工作。

岑氏在中大求學期間，參加各種社團（史學會、民俗學
會、考古學研究會）活動，從事學術研究，並積極為各學會
刊物譔著論文，諸如：〈瓊崖島民俗志及其他〉（1932 年與
王興瑞合著，約十二萬餘言，在《民俗》1936 年復刊號發表）、
〈元代的雜劇〉（1933 年在《現代史學》一卷二期發表）。
此外，亦喜愛詩歌，大二時曾與同學發起創辦「中國詩歌會
廣州分會」，發表許多新體詩，編著《幼燕集》，深獲師友
肯定與讚賞。

民國二十三年（1934）夏初，岑氏於大學三年級時，幸
獲在南洋經商的堂兄資助，會同羅致平（現係中國社會科學
院民族研究所著名人類學家）同學，前往日本留學，同進東
京立教大學，攻讀史前考古學。繼在帝國大學，從松村僚博
士，鑽研體質人類學。經年累月，埋頭圖書館苦讀，博覽歐
美學者名著群籍，並結識日本著名人類學、民俗學家松村武
雄、小原鐵等，從中擷獲豐富教益。在日本三年，完成《史
前藝術史》、《史前史概論》、《圖騰藝術史》三部專著（1936

～1940年間，先後由商務印書館出版）。尤以《圖騰藝術史》一書，乃蒐用社會學、民族學珍貴資料，列舉文學、雕刻、圖畫、舞蹈，以至音樂，作系統化論證，說明圖騰與藝術產生有極密切的淵源關係。其內容翔實，理念鮮明，獲得臺灣旅美著名人類學家衛惠林教授，極高評價（1983年再版序文：認為係第一部開拓性的專著），深受學術界重視（1986、1987年，增訂再版）。

民國二十六年（1937）七月，日本侵華戰爭爆發，全國同仇敵愾，岑氏激於義憤，毅然隨同日本留學生，返國參與抗日救亡運動。民國二十八年（1939）獲中英庚款贊助，赴雲南省東南部嵩明縣一帶，苗族地區從事社會調查。次年（1940）初調查結束，返回昆明在西南聯大（南開大學）經濟研究所，協助所長陳序經（社會學家）教授，研究西南文化。著有〈雲南嵩明縣花苗調查〉、〈西南民族研究的回顧與前瞻〉、〈抗戰與邊疆文化運動〉等論文發表。同年（1940）冬，日軍入侵越南，昆明告急，南開研究所遷重慶。岑氏經陳鍾凡教授推介，前往國立藝術專科學校（新任校長呂鳳子名畫家），任副教授兼圖書館主任，主講美術史及考古學。並考察四川巴縣古代墓葬「蠻子洞」及棧道遺跡，著有〈四川蠻洞研究〉、〈四川的棧道〉發表，殊獲佳評。

民國三十一年（1942）往貴陽大夏大學任社會系教授兼社會研究部主任，並在貴州大學兼課，曾數度赴黔東南荔波等地苗族、水族、仲家（布依）族聚居區進行社會調查，蒐采大量文物資料，著有〈水家、仲家風俗志〉、〈水書與水家來源〉、〈仲家作橋的道場與經典〉、〈黔南仲家的祭禮〉

等重要論文，深受水族學者珍視與讚揚。

民國三十二年（1943）間，史學界顧頡剛、羅香林、方豪、婁子匡、陳錫襄、白壽彝等倡議，重振民俗學之研究，並發行《風物》（季刊）。吾瓊民俗學者王興瑞、岑家梧，以及中外史學家董作賓、臺靜農、勞榦、胡耐安、朱介凡、崔載陽，德人史圖博等四十餘人，致函深表贊同與全力支持，並推介同道好友參與，乃當時國內史學界一大盛事也。

民國三十三年（1944）多（戰火燒及黔南，大夏遷校赤水），再度入川，在壁山國立社會教育學院社會系任教授。民國三十四年（1945）抗日戰爭勝利，於民國三十五年（1946）春天，自川返穗，於中山大學社會學系任教，又在法商學院及嶺南大學兼課，並任嶺南大學社會經濟研究所《社會經濟》編委副主任。民國三十六年（1947）秋，中大教授倡議，籌創珠海大學，岑氏出任校董兼法學院代院長。民國三十八年（1949）多，廣州易幟，珠海大學停辦。專心學術研究，彙整文稿，籌策出版事宜，並規劃西南少數民族實地調查工作。

岑氏除長治社會學外，性嗜藝術，對民族藝術尤感興趣，於藝術考古，亦志趣未衰。在大學時代，曾選修著名學者陳鍾凡教授「中國古代藝術」。在日本研究史前史時，特注重鑽研舊石器時代「洞壁藝術」，探索原始藝術起源問題，著有《史前藝術史》、《圖騰藝術史》專書，暨〈中國邊疆藝術之探究〉、〈西南邊疆民族藝術研究之意義〉等論文。於四川國立藝術專科學校任教時，曾利用圖書館藏豐富資料，編著《藝術考古圖錄》、《唐代藝術圖錄》兩冊。民國三十八年（1949）間，著有《中國藝術論集》、《西南民族文化

論叢》專書，於中國美術史，暨邊疆少數民族衣飾工藝，以及民間藝術品之研究，有其特殊的成就與貢獻。

　　一九五一年（辛卯）七月，參與中共中央訪問團，任第二分團副團長，赴廣東粵北及海南等地，訪問瑤、黎、苗諸民族。一九五二年（壬辰）奉派參與接收私立嶺南大學（任副教務長），院系調整後，嶺大併入中山大學，他調籌辦廣東民族學院，任籌備組副主任。一九五四年（甲午）廣東民族學院暫停籌辦，全部人員調中南民族學院，任副院長兼教務處處長。

　　一九五六年（丙申），中共全國人大民委組織，進行全國少數民族社會歷史調查。奉命前往北京參與籌備工作，負責審編《社會性質調查參考提綱》（一九五六年七月，由全國人大民委編印），預定四至七年內完成，並編印各民族簡史或簡志。同年（1956）十月任廣東組組長，前往海南黎族苗族自治州，深入五指山保亭縣毛道鄉黎族「合畝」制地區調查。次年（1957）七月第一階段結束，譔著《保亭縣毛道鄉黎族「合畝」制調查》、《番陽鄉、毛貴鄉黎族「合畝」制調查》報告兩冊（民族問題五種叢書），以及〈海南島黎族「合畝」制的調查研究〉論文（於光明日報發表），深受學術界重視與讚譽。

　　當時適值中南民族學院黨委召開整風擴大會議，岑氏基於愛護學院熱誠，暨對民族教育事業關懷，於會中提出「黨委領導，行政負責，依靠教師，民主辦校」意見，竟以「莫須有」罪名，留校返省查察。於一九五八年（戊戌）底，被劃歸「右派」，撤職降級，遣往農場放牧。其突遭沈重打擊，

非但不受挫折而懊喪，反而胸懷坦蕩，堅強地接受考驗，在沈痛的勞力改造中，尚完成《中國古代史》、《中國民族關係史》、《美術史》三部重要專著，於是顯見，為人樂觀、豁達而有信心。

一九六〇年（庚子）元旦，獲脫「右派」帽子從農場回校，重任民族史、民族志教授，認真負責，埋頭苦幹。為提高青年教師水準，提供自我進修與從事學術研究途徑及方法，於教學和研究上，總結其經驗及教訓，強調「勤奮」和「苦學」，深獲信服與敬佩。

一九六一年（辛丑）至一九六五年（乙巳）間，除教學外，尚譔著《中國民族關係史》一書，只譔〈兩晉南北朝時期北方民族關係史上的一些問題〉、〈遼代契丹和漢族及其他民族的經濟文化聯繫〉、〈金代女真和漢族及其他民族的經濟文化聯繫〉、暨〈宋代海南島黎族社會經濟的發展及其和各族經濟文化交流〉等四章遺稿（已由後人整理發表），殊深憾惜矣。

一九六六年（丙午）六月，中共「文化革命」開始，岑氏首當其衝，橫遭迫害，於九月四日晚，含恨而逝。而歷年來累積之資料、手稿、調查筆記、工作日誌，統被作為罪證，同遭厄運，抄劫無蹤。嗚呼！哲人其萎，慟哉。

迨一九七六年（丙辰）十月，「四人幫」倒台，於一九七九年（己未），中共「三中全會」，肯定其終身為民族教育事業奮力，而沉冤獲得平反昭雪，堪以告慰在天英靈矣。

岑家梧氏，係史學、社會學、民族學家，終生從事民族教育事業與學術研究，其著作甚豐。特就個人知見者，依其

年次，分別著述於次，以供學界參考。

一、專書部分

《劬燕集》

民國二十二年（1933） 廣州市 青年詩社印行

本新體詩集，係大二時代，創辦「中國詩歌會廣州分會」
所發表作品，未見藏板。

《洪水傳說集》

民國二十二年（1933）本

本集係中山大學就讀時期作品，未見藏板。

《圖騰藝術史》

民國二十五年（1936） 上海 商務印書館印行

民國七十五年（1986） 學林出版社 再版

一九八七年 增訂再版

《史前藝術史》

民國二十七年（1938）三月 上海 商務印書館 初版

民國七十五年（1986）十一月 臺北市 臺灣商務印書
館 臺二版

156面 有圖表 19公分

《史前史概論》

民國二十九年（1940） 上海 商務印書館 初版

臺灣：黨史會：914／693

《藝術考古圖錄》

約民國三十年（1941） 四川重慶 手稿本（未見藏板）

《唐代藝術圖錄》

約民國三十年（1941）　四川重慶　手稿本（未見藏板）

陳序經〈關於西南文化的研究〉序文，民國三十六年（1947）四月十六日，刊在中山大學社會學系《社會研究周刊》第十四期。

《中國藝術論集》

民國三十八年（1949）　廣州市　考古學社印行

《西南民族文化論叢》

民國三十八年（1949）　廣州市　嶺南大學西南社會經濟研究所

《保亭縣毛道鄉黎族「合畝」制調查》

一九五七年　北京市　國家民委會

（民族問題五種叢書）

《番陽鄉、毛貴鄉黎族「合畝」制調查》

一九五七年　北京市　國家民委會

（民族問題五種叢書）

《中國原始社會史稿》

一九九二年十二月　北京市　民族出版社

5,444 面　有像圖表　20 公分

本集文稿，係由岑夫人馮來儀女史彙整、選編、印行

二、論文部分

依年次排序，其年月未詳者列於最末。並仿「中國編目機讀格式」著錄，依次：篇名、出版年月、出版地、刊名、

卷期、頁數、案語等項。

〈元代的雜劇〉

　　　民國二十二年（1933）二月　廣州市　現代史學　第一卷第二期　頁二七五～三〇七

〈南宋之都市生活〉

　　　民國二十三年（1934）五月　廣州市　現代史學　第二卷第一、二期（合刊）　頁二六二～二七三

〈「瓊崖民俗及其他」自序〉

　　　民國二十三年（1934）五月　廣州市　現代史學　第二卷第一、二期（合刊）　頁三六二～三六三

　　　（本篇係與王興瑞合著）

〈瓊崖島民俗志及其他〉

　　　民國二十五年（1936）九月　廣州市　民俗（中大）　第一卷第一期（復刊號）　頁一三～八〇

　　　（本篇係與王興瑞合著）

〈中國戲劇史方法短論〉

　　　民國二十四年（1935）一月　廣州市　現代史學　第二卷第三期

〈題湊考〉

　　　民國二十五年（1936）六月　北平市　考古社刊　第四期　頁二七七～二八〇

〈圖騰主義之新解釋〉

　　　民國二十五年（1936）六月　廣州市　社會研究　第一卷第二期　頁一～

〈圖騰研究之現階段〉

　　民國二十五年（1936）七月　上海市　食貨（半月刊）
　第四卷第四期　頁一一～一四

〈史前考古學發現史略〉

　　民國二十五年（1936）十二月　北平市　考古社刊　第
　五期　頁三〇七～三一九

〈東夷南蠻的圖騰習俗〉

　　民國二十五年（1936）　廣州市　現代史學　第三卷第
　一期　頁數（待查）

〈史前學研究概述〉

　　民國二十六年（1937）一月　廣州市　廣州學報　第一
　卷第一期　頁一～一〇

〈轉形期的圖騰文化〉

　　民國二十六年（1937）三月　上海市　食貨（半月刊）
　第五卷第六期　頁一～一〇

〈中國石器時代社會研究〉

　　民國二十六年（1937）四月　廣州市　現代史學　第三
　卷第二期　頁一～一六

〈日本近代繪畫雕刻建築作風之演變〉

　　民國二十六年（1937）七月　廣州市　書林半月刊　第
　二卷第二期　頁七～

〈抗戰建國與民族藝術〉

　　民國二十七年（1938）九月十五日　廣州市　民族文化
　（半月刊）　頁二五～

〈抗戰與邊疆民族文化運動〉

　　民國二十七年（1938）　廣州市　更生評論（半月刊）
　　第三卷第十號

〈八十年來中國文化運動的路向〉

　　民國二十八年（1939）九月　重慶市　青年中國季刊
　　第一期　頁七七～八七

18.〈評黃文山著「文化學論文集」〉

　　民國二十八年（1939）九月　重慶市　青年中國季刊
　　第一期　頁三三五～三三七（書評）

〈略論花苗與猺人的幾何紋樣〉

　　民國二十八年（1939）十二月　昆明市　今日評論　第
　　二卷第二五期　頁三九三～三九四

〈海南島黎人來源考略〉

　　民國二十九年（1940）二月　南京市　邊事研究　第十
　　卷第六期

〈嵩明花苗調查〉

　　民國二十九年（1940）五月　昆明市　西南邊疆　第八期
　　　案：一九四九年修正後，收入《西南民族文化論叢》

〈西南民族研究之回顧與前瞻〉

　　民國二十九年（1940）七月　重慶市　青年中國季刊
　　第四期

〈海南土戲研究〉

　　民國二十九年（1940）八月　昆明市　西南邊疆　第十
　　一期　頁二〇～三四
　　　案：本文係與王興瑞合著

〈廣東史前時期的文化〉

民國二十九年（1940）　廣州市　廣東教育與文化　第二卷第三期

〈西南邊疆民族藝術研究之意義〉

民國三十年（1941）　責善（半月刊）　第二卷第三期

〈槃瓠傳說與瑤畬的圖騰崇拜〉

民國三十年（1941）　責善（半月刊）　第二卷第四期

本文於一九四〇年寫成，一九四六年七月，又以〈槃瓠傳說與瑤畬的圖騰制度〉，在福州市「福建文化」第一期（頁八七～九七）發表。一九四九年十一月修正後，收入《西南民族文化論叢》。一九九二年十二月，馮來儀女史又選入《岑家梧民族研究文集》內。

〈西南部族之體飾〉

民國三十年（1941）　重慶市　文史雜誌　第一卷第九期

本文一九四〇年寫成，一九四九年修正後，收入《西南民族文化論叢》。於一九九二年十二月，馮來儀女史又以〈西南民族的身體裝飾〉篇名，選入《岑家梧民族研究文集》內。

〈中國藝術考古學之回顧〉

民國三十一年（1942）四月　上海市　讀書通訊（半月刊）　第三十九期　頁三～六

〈中國藝術考古學之前瞻〉

民國三十一年（1942）四月　上海市　讀書通訊（半月刊）　第四十期　頁三～四

〈西南部族之舞樂〉

民國三十二年（1943）三月　貴陽市　文訊（月刊）　第

四卷第一期

本文係《西南民族藝術導論》書中一章，因抗戰期間，未及出版。於一九九二年十二月，馮來儀女史改以〈西南民族之舞樂〉，選入《岑家梧民族研究文集》內。

〈西南部族之工藝〉

民國三十二年（1943）五月　貴陽市　文訊（月刊）　第四卷第四、五期（合刊）

本文於一九九二年十二月，馮來儀女史以〈西南民族之工藝〉，選入《岑家梧民族研究文集》內。

〈論苗族的幾何紋〉

民國三十二年（1943）　貴陽市　大夏周報　第十卷第九期

〈貴州宗族研究述略〉

民國三十三年（1944）二月　四川巴縣　邊政公論　第三卷第二期　頁三三～三七

一九九二年十二月，馮來儀女史改以〈貴州民族研究述略〉，選入《岑家梧民族研究文集》。

〈論民族與宗族〉

民國三十三年（1944）四月　四川巴縣　邊政公論　第三卷第四期　頁一～一〇

〈西南民俗與中國古代社會制度互證〉

民國三十三年（1944）六月　貴陽市　東方雜誌　第四十二卷第十二號

一九九二年十二月，選入《岑家梧民族研究文集》。

〈西南部族及其文化〉

民國三十三年（1944）八月　時代論壇　第三卷第五期

一九九二年十二月，馮來儀女史以〈西南民族及其文化〉，選入《岑家梧民族研究文集》內。

〈由仲家來源斥傣族主義的錯誤〉

民國三十三年（1944）十二月　四川巴縣　邊政公論第三卷第十二期　頁一八～二一

〈仲家作橋的道場與經典〉

民國三十三年（1944）　廣州市　風物志（月刊）　第一期

一九四五年三月，以〈貴州仲家作橋的道場與經典〉，在「邊政公論」第四卷第二、三期合刊（頁一三～二二）發表。一九四九年修正後，收入《西南民族文化論叢》。於一九九二年十二月，選入《岑家梧民族研究文集》內。

〈水家、仲家風俗志〉

民國三十三年（1944）寫成　貴陽市　手稿

一九四九年十二月修正後，收入《西南民族文化論叢》。一九九二年十二月，以〈水族仲家（布依族舊稱）風俗志〉，選入《岑家梧民族研究文集》內。

〈關於宗族的融和〉

民國三十四年（1945）一月　四川巴縣　邊疆通訊　第三卷第一期　頁七～八

〈從幾種遺俗觀察中國古代社會制度〉

民國三十五年（1946）六月　重慶市　東方雜誌　第四二卷第一二期　頁一六～二一

〈開發瓊崖的一點意見〉

　　民國三十五年（1946）七月　南京市　邊政公論　第五
　卷第一期　頁三

〈中國藝術考古學的發展〉

　　民國三十五年（1946）十二月　廣州市　南方雜誌　第
　一卷第二期

〈中國民俗藝術概說〉

　　民國三十五年（1946）　重慶市　文史雜誌　第五卷第
　九期

〈我國史前文化對日本的影響〉

　　民國三十五年（1946）　南京市　時代公論　第七期

〈中國民族與中國民族學〉

　　民國三十六年（1947）三月　廣州市　南方雜誌　第一
　卷第三、四期（合刊）

　　案：本文係根據周德夫筆記發表

〈瑤麓社會〉

　　民國三十五年（1946）寫成　廣州市　手稿

　　本文一九四九年修正後，收入《西南民族文化論叢》。
　一九九二年十二月，選入《岑家梧民族研究文集》內。

〈瓊崖三亞的回教〉

　　民國三十六年（1947）六月　南京市　邊政公論　第六
　卷第二期　頁五一～五四

　　本文一九四九年十二月，以〈海南島三亞回教考〉，收
　入《西南民族文化論叢》。一九九二年十二月，改名〈三
　亞港的回教〉，選入《岑家梧民族研究文集》內。

〈中國邊疆藝術之探究〉

　　民國三十六年（1947）九月　南京市　邊政公論　第六
卷第三期　頁五五～六四

〈唐代花鳥畫的發展〉

　　民國三十六年（1947）九月　上海市　歷史社會季刊
第二期　頁六七～七一

〈古代社會階段論〉

　　民國三十六年（1947）　廣州市　珠海學報　第一集

〈中國圖騰制及其研究史略〉

　　民國三十六年（1947）　上海市　文訊（卷期、頁數，
未詳）

〈唐代婦女裝飾風俗考〉

　　民國三十七年（1948）一月　南京市　社會學刊　第六
卷第一期　頁三九～四五

　　本文於一九四九年，收入《中國藝術論集》內。

〈水書與水家來源〉

　　民國三十七年（1948）二月　廣州市　社會科學論叢（季
刊、中山大學）　新一卷第一期　頁二五一～二六三

　　本文一九四九年修正後，收入《西南民族文化論叢》內。

〈亞洲北部古代漁民及其陶器文化〉

　　民國三十七年（1948）七月十二日　廣州市　廣州日報
（副刊）

〈五羊城故事與廣州系民族〉

　　民國三十七年（1948）十月十六日　廣州市　廣州日報
（副刊）

〈從婚姻廣告觀察中國戰時婚姻問題〉

民國三十七年（1948）十一月　南京市　社會建設月刊第一卷第七期　頁五四～五六

〈四川蠻洞考察記〉

民國三十七年（1948）　重慶市　民族學研究集刊　第八期

〈四川蠻洞研究〉

民國三十七年（1948）　重慶市　民族學研究集刊　第八期

本文一九九二年十二月，選入《岑家梧民族研究文集》。

〈遺俗論〉

民國三十八年（1949）二月二十五日　廣州市　廣州日報「民俗」（副刊）　第四二期

本文一九九二年十二月，選入《岑家梧民族研究文集》。

〈人類學研究的自我批判〉

一九五一年一月　北京市　光明日報（學術·二七期）

〈海南島文昌縣發現新石器時代的遺物〉

一九五一年十一月二十四日　北京市　北京日報

〈關於民族社會歷史調查研究的一些問題〉

一九五六年六月二十五日　北京市　全國人大民委組織 — 少數民族社會歷史調查會（專題報告）

本文係根據王昭武紀錄（油印稿）整理，於一九九二年十二月，選入《岑家梧民族研究文集》內。

〈文化遺存的分布不能和種族遷移混爲一談〉

一九五六年　北京市　光明日報《史學》第八四號

〈海南黎族的紡織工藝及歷史上的「吉貝」問題〉

一九五七年三月八日　北京市　光明日報《民族生活》
第四八期

一九九二年十二月，選入《岑家梧民族研究文集》。

〈海南島黎族「合畝」制的調查研究〉

一九五七年　北京市　光明日報《民族生活》　第五
三、五四期

一九九二年十二月，選入《岑家梧民族研究文集》。

〈海南島黎族母系民族制的遺跡〉

一九五七年九月　開封市　史學月刊（九月號）

本文於一九九二年十二月，以〈黎族母系民族制的遺跡〉
篇名，選入《岑家梧民族研究文集》內。

〈在教學上如何處理祖國歷史上的民族關係〉

一九六二年　天津　歷史教學　第九期

一九九二年十二月，選入《岑家梧民族研究文集》。

〈歷史系教師進修提高的幾點意見〉

一九六二年　天津市　歷史教學（卷期、頁數，未詳）

〈我國少數民族原始公社制研究（提綱）〉

一九六二年　北京市　中央民族學院歷史系講授稿（民
族志專題之一）

一九九二年十二月，選入《岑家梧民族研究文集》。

〈金代女真和漢族及其他民族的經濟文化聯繫〉

一九七九年　北京市　民族研究　第二期

本文係一九六五年《遼宋金時代民族關係史稿》之第二
部分，一九九二年十二月，選入《岑家梧民族研究文集》

內。

〈兩晉南北朝時期北方民族關係史上的一些問題〉

一九八〇年　北京市　中央民族學院學報　第二期

一九九二年十二月，選入《岑家梧民族研究文集》。

〈宋代海南島黎族社會經濟的發展及其和各族經濟文化交流〉

一九八一年　廣州市　中南民族學院學報　第一期

一九九二年十二月，以篇名〈宋代海南黎族和漢族的聯繫及黎族社會經濟的發展〉，選入《岑家梧民族研究文集》內。

〈遼代契丹和漢族及其他民族的經濟文化聯繫〉

一九八一年　北京市　歷史研究　第一期

案：本文係一九六五年《遼宋金時代民族關係史稿》之第一部分，於一九九二年十二月，選入《岑家梧民族研究文集》內。

〈明代嘉靖年間那燕領導的崖州黎族起義〉

一九八五年　廣州市　廣東民族研究通訊　第四期

原刊：一九六六年　河南　鄭州市　史學月刊　二期，其副標題：兼看海瑞「平黎疏」的反動本質

一九九二年十二月，選入《岑家梧民族研究文集》。

此外，尚有〈四川棧道考〉、〈黔南仲家的祭禮〉、〈迅速開發少數民族社會歷史調查〉、〈成長中的中南民族學院〉、〈評尹達著《新石器時代》〉五篇，其發表年月、刊名、卷期、頁數，尚待查考。

岑家梧氏，為人胸懷豁達，澹泊名利，不計個人毀譽，一生幾經坎坷，但仍勤勉奮發而為國育才。尤其專攻歷史學、

社會學、民族學，畢生致力教學、調查及研究，著述豐碩，計有專書一○種，調查研究二冊、圖錄二冊、論文八十一篇（百萬餘言），非但是史學、社會學、民族學珍貴的文獻資產（內有頗多「海南」研究不可缺少史料與借鑑），深値得史學、社會學和民族學界，暨邦人士子重視與珍惜。

參考文獻資料

《中國史學論文引得》　　余秉權
　　一九六三年　香港　中文大學　頁一一七
《海南文獻資料索引》　　王會均
　　民國七十六年（1987）　臺北市　文史哲出版社
《中國史學論文引得續編》　　余秉權
　　民國七十八年（1989）　臺北市　宗青圖書出版公司
頁二○一～二○二
《岑家梧民族研究文集》　　馮來儀
　　一九九二年　北京市　民族出版社

中華民國八十五年（1996）丙子二月十五日　增訂稿
中華民國八十九年（2000）庚辰十一月五日　校補稿
中華民國九十年（2001）辛己七月二十六日　修正稿
臺北市・海南文獻史料研究室

王興瑞

人類學家

　　王興瑞（1912～1977）氏，乃著名人類學家，亦是史學家，海南樂會縣（今瓊海市）中原鄉邁湯村人。生於民國元年（壬子），於一九七七年（丁巳）病逝，享年六十五歲。哲人其萎，慟哉！①

　　王氏係農村子弟，世家耕讀，幼入鄉學，其後續進廣東省立瓊崖東路中學（舊制中學）就讀。於民國十八年（1929），考取國立中山大學文學院，並以優異成績畢業，深獲師友讚譽與佳評。

　　王興瑞氏，勤勉好學，於民國二十二年（1933）癸酉，續進國立中山大學研究院文科研究所歷史學部深造。由於家境清寒，一度休學，民國二十三年（1934），幸獲黃文山先生協助，為「廣州民國日報」撰稿，維持生活。迨民國二十四年（1935）乙亥，榮獲碩士學位，其碩士論文《海南島黎人研究》，於戰前稿藏在中山大學研究院。②

　　民國二十三年（1934）一月，陳漢光將軍時任廣東省駐軍警衛旅旅長、瓊崖綏靖委員兼撫黎專員，率領黎苗侾伎各族頭目王學琨、王照夷等男女青年約四百餘人，組團前往廣

州觀光③。瓊人極表不滿，王興瑞氏，曾譔文於報端刊佈〈海南民族源流〉，以正視聽，連載二週，時人譽之。

民國二十五年（1936）冬，參加中大研究院文科研究所廣東北江傜山考察團。於次年（1937）春，廣州國立中山大學研究院文科研究所，暨私立嶺南大學西南社會調查所，合組「海南島黎苗考察團」，以實地考察西南民族。王氏以籍隸海南，通曉方言，奉命與嶺大何元炯君久留黎苗境四閱月，觀察備詳，著有《海南島黎人調查報告》，暨《海南島之苗人》兩書（姊妹篇）。④

民國二十七年（1938）戊寅，得鄒魯薦介，進黨史會任職。抗日軍興入川，曾應「三民主義青年團」徵文，榮獲全國第一名（獎金十萬元），受知於粵中政要。於抗戰期間，任黨國元老鄒海濱（魯）之秘書，殊受器重也。

民國三十二年（1943）間，史學界顧頡剛、羅香林、方豪、婁子匡、陳錫襄、白壽彝等倡議重振民俗學之研究，並發行《風物志》（季刊）。吾瓊民俗學者王興瑞、岑家梧，以及中外史學家董作賓、臺靜農、勞榦、胡耐安、朱介凡、崔載陽，德人史圖博等四十餘人，致函深表讚同與全力支持，並推介同道友好參與，其時國內史學界一大盛事。⑤

民國三十四年（1945）乙酉，抗戰勝利返粵，殊獲廣東省教育廳廳長姚寶猷先生賞識，特派任廣東省立廣雅中學（一中）校長。民國三十八年（1949）廣州撤守，避居廣州灣，兼任湛江中學教員。於神州易幟後，任廣東省雷州師範學校教師。

王先達興瑞氏，專攻歷史學、民族學與農學，對於海南

手工業、農業，以及黎族、苗族深有研究，其著作甚豐。特就個人所知見者，依其年代，分別臚著於次，以供學術界，暨邦人士子參考。

一、專書部分

《海南島黎人研究》

民國二十四年（1935）　廣州市　國立中山大學研究院文科研究所歷史學部碩士論文　手稿本

案：在戰前稿藏於國立中山大學研究院

《海南島黎人調查報告》

民國二十九年（1940）　上海市　開明書店版

（國立齊魯大學國學研究所叢刊）

案：由於太平洋戰事突起，上海形勢驟變，當時書店並未印行。於今罕見藏板，似已佚傳，殊深憾惜。

《海南島之苗人》

民國三十七年（1948）六月　廣州市　珠海大學　初版146 面　有圖表　18.5 公分

（珠海大學邊疆叢書）

美國：史丹福大學胡佛研究所東亞圖書館

臺灣：學者私人珍藏（蝴蝶頁手書「載陽師賜正」、「生興瑞敬贈」二行）

《洗夫人與馮氏家族》

一九八四年六月　北京市　中華書局　第一版

（102）面　有表　20 公分

（隋唐間廣東南部地區社會歷史的初步研究）

　　臺灣：學者私人藏書

《海南島經濟史研究》　未刊（稿本）⑥

　　北京：中國社會科學院民族研究所資料室

　　呂名中《南方民族古史書錄》（頁 418）著錄

二、論文部分

　　依年次檢索，其年月未詳者列於最末。並仿「中國編目機讀格式」著錄，依次：篇名、出版年月、出版地、刊名、卷期、頁數、案語等七項目。

〈海南島的漢黎交易〉

　　民國二十年（1931）　廣州市　中山大學社會學論叢季刊　第三卷第二期

〈春秋時代觀念意識的轉變 ── 讀左傳筆記之二〉

　　民國二十二年（1933）二月　廣州市　現代史學　第一卷第二期　頁一〇〇～一四一

　　案：《現代史學》，係國立中山大學刊物。

〈關於中國古代用鐵的研究〉

　　民國二十二年（1933）五月　廣州市　現代史學　第一卷第三、四期（合刊）　頁三一八～三三七

〈中國社會史細分派的批判〉

　　民國二十三年（1934）五月　廣州市　現代史學　第二卷第一、二期（合刊）　頁一六五～二〇八

〈「瓊崖民俗及其他」自序〉

　　民國二十三年（1934）五月　廣州市　現代史學　第二
卷第一、二期（合刊）　頁三六二～三六三

〈瓊崖黎人社會概觀〉　廣州市　瓊農月刊

　　民國二十三年（1934）十一月一日　第九期　頁一六～
三五（待續）

　　民國二十三年（1934）十二月一日　第十期　頁一八～
二三（續）

　　民國二十四年（1935）一月一日　第十一期　頁一二～
二〇（續）

　　民國二十四年（1935）二月一日　第十二期　頁一〇～
二一（續完）

　　案：原在廣州市，《民國日報》（副刊），第一三七期
　　　　～第一四六期，民國二十三年五月十日起連載。

〈中國農業技術發展史〉　廣州市　現代史學

　　民國二十四年（1935）一月　第二卷第三期　頁八二～
一〇八（待續）

　　民國二十四年（1935）十月　第二卷第四期　頁一～二
二（續完）

〈王安石的政治改革與水利政策〉

　　民國二十四年（1935）六月　上海市　食貨（半月刊）
第二卷第二期　頁三七～四一

〈廣東一個農村現階段的經濟社會〉

　　民國二十四年（1935）十二月　上海市　食貨　第三卷
第二期　頁四三～四九

〈從農學技術發展史上考察中國社會經濟重心之轉變〉

民國二十五年（1936）六月　廣州市　社會研究季刊
第一卷第二期　頁一～一八

〈瓊崖島民俗誌〉

民國二十五年（1936）九月　廣州市　民俗（中大）　第
一卷第一期（復刊號）　頁一三～八〇

案：本文係與岑家梧合著

〈清代村鎮的定期市〉

民國二十六年（1937）一月　上海市　食貨　第五卷第
一期　頁四四～六五

〈臺灣蕃族概觀〉

民國二十六年（1937）一月　廣州市　民俗　第一卷第
二期　頁六一～一四一

〈廣東北江猺人的經濟社會〉

民國二十六年（1937）六月　廣州市　民俗　第一卷第
三期　頁一～六二（各篇頁數自行起迄）

〈研究院文科研究所北江傜山考察團日記〉

民國二十六年（1937）六月　廣州市　民俗　第一卷第
三期　頁一～一七（各篇頁數自行起迄）

係王氏於民國二十五年（1936）冬，參加中大研究院文
科研究所「廣東北江傜山考察團」之日誌。

〈中國國民黨國內民族政策研究〉

民國二十七年（1938）八月一日　廣州市　民族文化（半
月刊）　第一卷第一期（創刊號）　頁三二～四〇

〈抗戰建國與邊疆民族問題〉

　　民國二十七年（1938）九月十五日　廣州市　民族文化
（半月刊）　第一卷第二期　頁二三～二四

〈「文化哲學」〉（書評）

　　民國二十七年（1938）九月十五日　廣州市　民族文化
（半月刊）　第一卷第二期　頁五〇～五二

〈海南島黎人來源試探〉

　　民國二十八年（1939）五月十二日　昆明市　西南邊疆
第六期　頁三六～四三

〈海南島苗人的來源〉

　　民國二十八年（1939）五月十二日　昆明市　西南邊疆
第六期　頁五六～六二

〈海南島黎苗考察日記〉

　　民國二十九年（1940）　南京市　邊事研究（渝版）

〈海南島的苗民生活〉

　　民國二十九年（1940）九月　重慶市　邊疆研究季刊
第一期（創刊號）　頁九六～一〇〇

〈海南島苗人的婚俗〉

　　民國三十一年（1942）三月　廣州市　民俗　第一卷第
四期

〈清末革命黨與保皇黨的關係〉

　　民國三十一年（1942）六月　廣州市　現代史學　第五
卷第一期　頁四八～五八

〈章炳麟與鄒容〉

　　民國三十二年（1943）四月　廣東曲江　新建設　第四

卷第一、二期（合刊）　頁三三～三七

〈海南島苗人社會鳥瞰〉

民國三十二年（1943）　廣州市　民俗季刊　第二卷第
一、二期（合刊）　頁六一～六四

本篇係二十六年調查海南島苗族報告書之一節

〈海南島手工業發展之史的考察〉

民國三十二年（1943）六月　廣州市　現代史學　第五
卷　第二期　頁三四～四一

案：民國六十九年（1980）六月　丘海學術研究彙編　第
　　三集　頁三八～五三（轉載）

〈現代中國革命簡論〉

民國三十二年（1943）八月　廣東坪石　大同　第一卷
第五期　頁三九～四二

〈海南島的墟市及其商業〉

民國三十三年（1944）一月　重慶市　財政學報　第二
卷第二期　頁九九～一二一

〈清季輔仁文社與革命運動的關係〉

民國三十四年（1945）十二月　重慶市　史學雜誌　第
一期　頁三五～四六

〈鄒海濱（魯）先生與黨史〉

民國三十四年（1945）十二月　重慶市　史學雜誌　第
一期　頁九五～九九

〈瓊崖簡史〉

民國三十五年（1946）七月　南京市　邊政公論　第五
卷第一期　頁三～七

〈瓊崖黎境概況〉

　　民國三十五年（1946）七月　　南京市　　邊政公論　　第五
卷第一期　　頁一五～二六

〈《海南島的苗人》自序〉

　　民國三十五年（1946）七月　　南京市　　邊政公論　　第五
卷第一期　　頁三一～三二

〈瓊崖參考書目〉

　　民國三十五年（1946）七月　　南京市　　邊政公論　　第五
卷第一期　　頁三二～三五

〈海南島黎族研究敘說〉

　　民國三十六年（1947）三月十六日　　廣州市　　南方雜誌
第一卷第三、四期（合刊）

〈海南島苗人之社會組織〉

　　民國三十六年（1947）六月　　南京市　　邊政公論　　第六
卷第二期　　頁五四～五八

〈海南島古代海上交通史略〉

　　一九五二年一月　　香港　　廣東文物　　第一冊　　頁三九
五～四〇七

〈海南簡史〉

　　一九五八年二月　　曼谷　　泰國海南會館新廈落成紀念
特刊　　頁一～二（專載）

〈海南島農業發展史略〉

　　廣州市　　廣東省銀行季刊　　第二卷第四期（刊行年月、
頁數，未詳）

〈海南島苗人的歌謠與傳說〉

　　重慶市　文史雜誌　第五卷第三、四期（合刊）

　　案：刊行年月、頁數，未詳

〈黎人的文身婚喪〉

　　廣州市　風物志　第一期

　　案：刊行年月、頁數，未詳

　　綜觀上論，王興瑞先達，歷任國立中山大學、私立上海
大夏大學、珠海大學教授，廣東省廣雅中學校長。其人淡泊
明性，以畢生之精力，從事教育事業與學術研究工作，聞名
嶺南，殊受史學及民族學界敬重與讚譽。就生平事略及其著
作言之，益顯其才學淵博而專精，更足以爲吾瓊後輩之矜式，
尤其終生著述豐碩，計有專書五種、論文四十二篇，約百萬
餘言，非但是治史學、民族學、農學之珍貴的文獻資產，同
時亦係「海南」研究，不可缺少的史料與借鑑，深值得史學
與民族學界，暨邦人士子重視與珍惜。

　　註　釋：

註①：朱逸輝《海南名人傳略》（中冊）　一九九三年十月
　　　廣州市　廣東旅遊出版社　頁一八六

註②：羅香林〈百越源流與文化〉　民國四十四年（1955）
　　　十二月　臺北市　中華叢書委員會　頁二〇五～二
　　　〇六

註③：王家槐《海南近志》　民國八十二年（1993）六月　臺
　　　中市　吳乾華先生印行　頁一二二

註④：王興瑞《海南島之苗人》　民國三十七年（1948）六
　　　月　廣州市　珠海大學　頁一（自序）

註⑤：民俗學會〈同仁翰牘〉　參見《孟姜女》　臺北市　東
　　　方文化書局　民國六十一年（1972）重印本

註⑥：王興瑞〈瓊崖參考書目〉　民國三十五年（1946）七
　　　月　南京市　邊政公論　第五卷第一期　頁三四

參考文獻資料

《中國史學論文引得》　　余秉權

　　民國六十年（1971）十月　臺北市　泰順書局　頁六八
～六九

《中國史學論文引得續編》　　余秉權

　　民國七十八年（1989）　臺北市　宗青圖書出版公司
頁一一六～一一七

《海南文獻資料索引》　　王會均

　　民國七十六年（1987）十二月　臺北市　文史哲出版社
頁四〇四

中華民國一〇一年（2012）壬辰十二月十日　校補稿
臺北市：海南文獻史料研究室

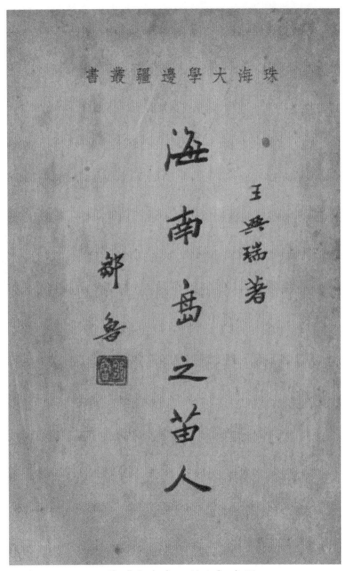

王著《海南島之苗人》書影
學者私人藏書

卷之四　教　育

　　本（教育）卷，計收四篇，約四萬五千餘言。內中：

　　一為〈陳序經中心思想：全盤西化〉，係二〇〇三年九月，南開大學舉辦「紀念陳序經先生誕辰一百周年暨國際學術研討會」論文。於民國九十三年（2004）九月，分在《國立中央圖書館臺灣分館館刊》第三卷第三期（頁 93～108），暨《臺灣圖書館管理季刊》，民國九十四年（2005）一月，第一卷第一期（頁 125～140）發表。

　　二為〈王纘春：稻作改良功臣〉，原篇名〈海南農學家林纘春〉，曾在《廣東文獻》（季刊）第二十一卷第二期（頁 22～24）發表。

　　此外〈梁大鵬：海南大學靈魂〉，暨〈吳德耀：獻身教育〉二文，係民國一〇一年（2012）壬辰歲十一月先後完稿。

陳序經：中心思想‧全盤西化

～兼論「中西文化」論戰～

摘　要

　　陳序經博士，乃一位卓越教育家，亦係社會學、文化學、歷史學之著名學者，暨研究東南亞與華僑問題專家。終身致力文化教育與學術研究，著有專書與論文極為豐碩，於海內外學術界佔有極重要的地位與盛譽，顯與梁漱溟、陳恪寅、胡　適等同儕，名噪一時（三〇年代）也。

　　本文係從資訊科學（書目、索引）角度，以〈陳序經中心思想：全盤西化〉（兼論「中西文化」論戰）為論旨範疇，就「國立臺灣圖書館」舊藏相關文獻資料，作綜合性研究。其主要內容，計分：生平事蹟、全盤西化、文化論戰、結語四項，末附：參考文獻資料，以供海內外學界先進賢達、邦人君子參考。

　　於文中（主要內容），除生平事蹟與結語外，最重要論旨在文化論戰，於當時學者專家在海內外各報刊上發表，與「全盤西化」、「本位文化」、「中西文化」相關專著、論

文，就其知見者（公藏），依書（篇）名、著者、出刊時地、刊名、卷期、頁次、案語之序，分著於次，以供查考。

陳氏崇向「自由」、「民主」、「法治」與「人權」，天性仁厚，重視人道，仁民濟物。終生堅持的理想和目標，無論是政治的、經濟的、教育的、文化的、社會的，暨鄉村的建設。於二十世紀八〇年代、九〇年代，在臺灣全民「勤奮」建設，暨政府「積極」鼎新下，陳氏崇高的理想與目標，大都逐一實現，若陳氏泉下有知，亦堪告慰其英靈矣。

關鍵詞：陳序經、全盤西化、中西文化、文化論戰、海南

一、生平事蹟

陳序經（1903～1961）氏，字懷民，海南文昌（清瀾鎮瑤島村）人。新加坡僑生，於民國八年（1919）底返國升學，在上海復旦大學（社會學系）畢業後，負笈留學美國伊利諾斯大學（主科：政治學、副科：社會學），獲得碩士學位、政治學博士，其博士論文《現代主權論》（英文版），頗負國際斐譽，深獲師友肯定與讚賞。

陳氏認為各國政治與社會，大都有其不同特性，唯從實地研究觀察，方能深切領悟與理解實況。於民國十八年（1929）夏，在新加坡與黃素芬小姐結婚後，攜夫人自費往德國柏林大學，從事政治學與主權論研究。

民國十九年（1930）至二十年（1931）間，轉德國基爾大學世界經濟學院，研習主權論與社會學，特別是「主權可分論」研究。陳氏精通英語、德語、法語和拉丁語，本想再

往英、法等國繼續研究，因父罹疾在海口市海南醫院逝世，致放棄遊學研究計劃，束裝返國。

陳氏遵循其父「一不做官、二不做生意」遺訓，終身獻力教育事業，潛心學術研究。初在廣州嶺南大學社會學系任教，續受聘天津南開大學，任經濟研究所教授兼主任。日本侵華期間，在昆明西南聯合大學任教授、法商學院院長（時南開大學校長張伯齡長住重慶，該校參與聯大校務，悉由陳氏代理）。戰勝後出任南開大學教務長、政治經濟學院院長與經濟研究所所長，暨廣州嶺南大學校長。迨廣州易幟後，歷任嶺南大學校長、中山大學教授及副校長、暨南大學校長、南開大學副校長等重要職務。對各校建設與發展，盡心盡力，竭功殊偉，深獲海內外各界肯定與頌揚。

陳序經氏，秉性穩重，涵養素深，有儒者風範。由於淡泊明志，厭惡仕宦，故極力勤奮嗜學，精心於專門學科探究，且造詣殊深。乃當代教育界之佼佼者，於學術界佔有極顯要地位與盛名，誠與陳寅恪、梁漱溟、胡適之等同儕，名噪一時。曾被選任廣東省第一、二屆政協常務委員，全國第二、三屆政協委員。

陳氏於五○～六○年代，曾親經歷次政治運動，在「十年浩劫」（文化大革命）中，遭受誣陷與迫害，終而含冤慘死。識者聞訊，莫無哀悼。哲人其萎，慟哉。

迨一九七九年「四人幫」倒台後，中共「三中全會」，高度肯定其終身對教育事業貢獻，而沈冤獲得平反昭雪。於一九七九年五月二十五日，各界在天津市「烈士陵園」，舉行陳序經博士追悼會，由中共天津市委書記劉　剛主祭，天

津市高教委員會副主任于　愫主持，南開大學黨委書記張再旺致悼詞。情景莊嚴而隆重，殊備哀榮。

　　一九七九年六月二十六日，廣東省政協（委員會）在廣州市，舉行骨灰安放儀式（由政協副主席羅　浚主持，南開大學黨委書記張再旺致詞），藉以告慰陳序經氏在天英靈矣。

二、全盤西化

　　陳序經氏，乃一位優異的教育家，且在歷史、文化、社會等學科，具有卓越貢獻之著名學者，暨研究東南亞與華僑問題的專家，同時亦係一位深具高瞻遠見的大思想家。其終生之學術思想「全盤西化論」，亦就是陳氏的中心思想，在二十世紀三〇年代，引起學術界極大的震撼。

　　陳氏出生和成長在中國人內受封建壓迫，外被列強侵害的雙重苦難時代。且有南洋華僑家庭背景，童年在英屬新嘉坡體驗殖民地生活，所接受教育基本上是西方的新式教育。其後負笈留學歐美（美、德二國），更直接受到西方教育薰陶。對於陳氏「全盤西化論」思想形成，具有莫大的激勵與演繹作用，其影響至深且鉅。

　　陳序經力倡「全盤西化」論，然非習洋人「西裝領帶」、「刀釵牛排」之生活方式，暨「受洗禮做禮拜」宗教儀式。而係全盤徹底接受「西洋文化」，最主要者，乃歐美近代的科技文明，大工業化生產技術，企業經營管理行銷效率，暨民主、自由、法治、人權的政治制度，以促使中國之工業化和現代化，尤其是民主化。

一九三〇年代，有與陳序經「全盤西化論」相關之著作，於海內外各圖書館，暨文教資料單位（公藏）藏量豐富，就其知見者，依年次之序，分著於次，以供查考。

甲、陳氏著作相關部分

《中國文化的出路》　　　陳序經

民國二十三年（1934）一月　上海　商務印書館

民國二十三年（1934）九月　再版

（6），145 面　21 公分（二十五開本）

　　臺灣：國立臺灣圖書館：9001/T4　541.32/7502/23

本《中國文化的出路》，係民國二十二年（1933）十二月二十九日晚，應邀在中山大學演講稿，由梁錫輝先生筆記彙整。於民國二十三年（1934）一月十五日、十六日，在廣州市《民國日報》（現代青年版・八二六、八二七期）發表（收在《全盤西化言論集》內），引發全國性文化大論戰。

民國六十六年（1977）二月　臺北市　牧童出版社

（7），145 面　21 公分（二十五開本）

　　（牧童文史叢書　17）

案：係據民國二十三年（1934）上海商務印書館本景印，有陳序經、盧觀偉二序。

　　臺灣：國立臺灣圖書館：541.32/7502-2

〈中國文化的出路〉（書評）　　　牛赤未

民國二十四年（1935）六月　北平　《新北辰》　第七期　頁七八三（書評）

《東西文化觀》　　陳序經

民國二十六年（1937）一月　廣州　嶺南大學

6,187 面　27 公分（十六開本）

案：民國二十二年（1933）曾在《嶺南學報》發表，並

　　印為「單行本」。

民國六十五年（1976）八月　臺北市　牧童出版社

民國六十六年（1977）七月　再版

（4），205 面　21 公分（二十五開本）

　　（牧童文史叢書　13）

　　臺灣：國立臺灣圖書館：541.32/7502

《中國南北文化觀》　　陳序經

民國六十六年（1977）八月　臺北市　牧童出版社

民國六十六年（1977）十二月　再版

238 面　21 公分（二十五開本）

　　（牧童叢書　14）

　　臺灣：國立臺灣圖書館：541.32/7502-3

《全盤西化論》　　陳序經

民國二十四年（1935）冬　手稿本

本《全盤西化論》（手稿本），在民國二十六年（1937）

夏，曾交天津《大公報》社代印，由於「七七事變」，未

克梓行。且部分書稿散失，而書中第二、三章已在刊物發

表。為保留原本面目與整體系統，重將全部書稿整理成一

冊。全稿約五萬言，於民國二十八年（1939）十一月十五

日完成（手稿本，未刊行）。

本《全盤西化論》書稿，乃陳氏對「全盤西化」最有系

統而完整的理論著述。其主要內容，除前記與引言外，計分：名詞的來源、意義的說明、理論的發展、理論的解釋、理論的重述等五章（參見陳其津《我的父親陳序經》頁七九）。

〈東西文化觀〉　　陳序經

民國二十年（1931）四月　上海　《社會學刊》　二卷三期　頁一～（論著）

〈人的文化與物的文化〉　　陳序經

民國二十二年（1933）五月七日　北平　《獨立評論》第四十九號　頁八～一三

〈文化之發展〉　　陳序經

民國二十二年（1933）十一月二十四日　廣州　《嶺南周報》

〈女子對於現代文化的態度與責任〉　　陳序經

民國二十二年（1933）間（月日待考）　廣州　《民國日報》（現代青年版），暨《女中》（旬刊）發表。

〈中國文化的出路〉　　陳序經

民國二十三年（1934）一月十五日　廣州　《民國日報》（現代青年版　八二六期）　續

民國二十三年（1934）一月十六日　廣州　《民國日報》（現代青年版　八二七期）　完

案：民國二十二年（1933）十二月二十九日晚，應邀在中山大學演講稿，由梁錫輝先生筆記彙整發表。收在《全盤西化言論集》

〈關於中國文化之出路答張　磬先生〉　　陳序經

　　民國二十三年（1934）一月二十九日　廣州　《民國日報》（現代青年版　八三六期）

　　案：收在《全盤西化言論集》

〈南北文化觀〉　　陳序經

　　民國二十三年（1934）五月　廣州　《嶺南學報》　三卷三期　頁八一～二○三

〈對於一般懷疑全盤西化者的一個淺說〉　　陳序經

　　案：收在《全盤西化言論集》

〈鄉村文化與都市文化〉　　陳序經

　　民國二十三年（1934）十一月十一日　北平　《獨立評論》　第一二六號　頁一二～一八

　　案：收在《全盤西化言論集》

〈關於全盤西化答吳景超先生〉　　陳序經

　　民國二十四年（1935）三月十七日　北平　《獨立評論》第一四二號　頁二～八

　　民國二十四年（1935）五月十日　上海　《文化建設》一卷八期　頁二四○～二四四

　　案：收在《全盤西化言論續集》

〈再談「全盤西化」〉　　陳序經

　　民國二十四年（1935）四月二十一日　北平　《獨立評論》　第一四七號　頁四～九

　　民國二十四年（1935）六月十日　上海　《文化建設》一卷九期　頁二二二～二二四

　　案：收在《全盤西化言論續集》

〈從西化問題的討論裡求得一個共同信仰〉　　陳序經

　　民國二十四年（1935）五月五日　北平　《獨立評論》
　第一四九號　頁八～一三

　　民國二十四年（1935）六月十日　上海　《文化建設》
　一卷九期　頁二二四～二二七

　　案：收在《全盤西化言論續集》

〈評張東蓀先生的中西文化觀〉　　陳序經

　　案：收在《全盤西化言論續集》

〈評「中國本位的文化建設宣言」〉　　陳序經

　　案：收在《全盤西化言論續集》

〈讀十教授「我們的總答復」後〉　　陳序經

　　民國二十四年（1935）五月二十日　天津　《大公報》

　　民國二十四年（1935）七月十日　上海　《文化建設》
　一卷一〇期　頁一八五～一八六

　　案：收在《全盤西化言論三集》

〈全盤西化的辯護〉　　陳序經

　　民國二十四年（1935）七月二十一日　北平　《獨立評
　論》　第一六〇號　頁一〇～一五

　　民國二十四年（1935）八月十日　上海　《文化建設》
　一卷一一期　頁一八〇～一八三

　　案：收在《中國文化討論集》、《中國本位文化建設討論
　　　集》、《全盤西化言論三集》。

〈一年來國人對於西化態度的變化〉　　陳序經

　　民國二十五年（1936）一月十三日　天津　《國聞週報》
　一三卷三期　頁一五～

案：收在《全盤西化言論三集》

〈東西文化觀〉　　陳序經

　　民國二十五年（1936）七月　廣州　《嶺南學報》　五
卷一期　頁　～九四（上）

　　民國二十五年（1936）八月　廣州　《嶺南學報》　五
卷二期　頁八三～九九（中）

　　民國二十五年（1936）十二月　廣州　《嶺南學報》　五
卷三、四期（合刊）　頁五二～（下）

〈抗戰時期的西化態度〉　　陳序經

　　民國三十二年（1943）一月二十六日　昆明　《今日評
論》　五卷三期　頁次（未詳）

〈盧觀偉先生的西化論〉　　陳序經

　　民國三十七年（1948）十一月二十一日、二十二日　香
港　《大公報》

〈關於西南文化的研究〉　　陳序經

　　民國三十六年（1937）四月十六日　廣州　《社會研究》
周刊（中山大學社會學系刊物）　一四期

　　案：陳氏為岑家梧《西南文化論》書序

〈研究西南文化的意義〉　　陳序經

　　民國三十七年（1938）四月二十日　廣州　《社會學訊》
第三期　頁次（待查）

〈中國文化何處去〉　　陳序經（未見藏版）

乙、全盤西化相關部分

《東西文化及其哲學》　　梁漱溟

　　民國十年（1921）十月　南京市　財政部印刷局

282，（68）面　有像　21 公分

案：係梁漱溟講演，由陳政、羅常培編錄。

民國十一年（1922）一月　上海市　商務印書館

216，（77）面　有像　21 公分

注：民國十四年（1925）　六版

　　美國：哥倫比亞大學圖書館　1008/3933

民國五十七年（1968）　臺北市　虹橋書店

216 面　21 公分（25 開本）　　臺灣：國立成功大學

民國六十六年（1977）　臺北市　問學出版社

311 面　21 公分（25 開本）　　臺灣：國家圖書館

〈評東西文化及其哲學〉　　嚴既澄

　　民國二十四年（1925）　上海市　《民鐸雜誌》　三卷
三期（書評）

《全盤西化言論集》　　呂學海編

　　民國二十三年（1934）四月　廣州市　嶺南大學青年會

　　156 面　21 公分（二十五開本）　（學術叢書　1）

　　本《全盤西化言論集》（南大年刊‧特刊），係以陳序
經〈中國文化之出路〉、〈關於中國文化之出路答張磐先
生〉二篇為正文，附錄〈評中西文化討論的折衷派〉（呂
學海）、〈我們要一個新文化哲學〉（盧觀偉）等六篇評
論文章，有編者引言。

《全盤西化言論續集》　　馮恩榮編

　　民國二十四年（1935）五月　廣州市　嶺南大學青年會

　　190 面　21 公分（二十五開本）　（學術叢書　2）

　　本《全盤西化言論續集》，收有馮恩榮〈全盤西化的意

義〉、〈關於全盤西化論的比較方法〉，呂學海〈讀「西方文化的討論」後〉、〈全盤西化答客難〉，陳序經〈關於全盤西化答吳景超先生〉、〈評中國本位的文化建設宣言〉、〈鄉村文化與都市文化〉等文章共十二篇，有編者弁言。附錄〈關於討論全盤西化論文目錄〉等二種。

《全盤西化言論三集》　　麥發穎編

民國二十五年（1936）十月　廣州市　嶺南大學青年會

166 面　21 公分（二十五開本）　（學術叢書　3）

本《全盤西化言論三集》，收有：張佛泉〈西化問題之批判〉，胡適〈充分世界化與全盤西化〉，陳序經〈一年來國人對於西化態度的變化〉等十二篇，有編者引言。

〈西方文化的侵入與中國的反應〉　　蔣明謙

民國二十一年（1932）十月十六日　北平　《獨立評論》第二十二號　頁一五～二二

〈世界文化與中國文化〉　　張季同

民國二十二年（1933）六月十五日　天津　《大公報》（世界思潮　第四十二期）

〈徹底創造與發展現代文化〉　　梁錫輝

民國二十二年（1933）十二月十五日　廣州　《南風》九卷一期　頁一～五〇（各篇自行編頁）

〈「全盤接受西洋文化」的意義〉　　馮恩榮

民國二十二年（1933）十二月十五日　廣州　《南風》九卷一期　頁一～二（各篇自行編頁）

〈評中西文化觀〉　　楊齋明

案：馮恩榮〈「全盤接受西洋文化」的意義〉（注釋有

引）

〈中西文化之關係〉　　　鄭書麟

案：馮恩榮〈「全盤接受西洋文化」的意義〉（注釋有
引）

〈爲中國文化問題進一解〉　　謝扶雅

民國二十三年（1934）一月二十二日　廣州　《民國日
報》（現代青年　八三一期）

〈中國文化之死路〉　　　張　磐

民國二十三年（1934）一月二十五日　廣州　《民國日
報》（現代青年　八三四期）

〈評陳序經的「中國文化之出路」〉　王　峰

民國二十三年（1934）一月三十日、三十一日　廣州
《民國日報》（現代青年）

〈評陳序經博士論中國文化之出路〉　林　潮

民國二十三年（1934）一月三十一日、二月一日　廣州
《民國日報》（現代青年）

〈在文化運動戰線上答陳序經博士〉　張　磐

民國二十三年（1934）二月二日　廣州　《民國日報》
（現代青年　八四〇期）

案：收在《全盤西化言論集》

〈對於一般懷疑「全盤和徹底的西化」的批評〉　馮恩榮

民國二十三年（1934）二月十五日　廣州　《民國日報》
（現代青年）

案：收在《全盤西化言論集》

〈評中西文化討論的折衷派〉　　呂學海

　　案：收在《全盤西化言論集》

〈我們要一個新文化哲學〉　　盧觀偉

　　案：收在《全盤西化言論集》

〈關於全盤西化言論的比較方法〉　　馮恩榮

　　民國二十三年（1934）七月五日　廣州　《民國日報》
　　（副刊　七三期）

　　案：收在《全盤西化言論集》

〈為「全盤西化論」答客難〉　　呂學海

　　案：收在《全盤西化言論續集》

〈趨於「全盤西化」的共同信仰〉　　盧觀偉

　　案：收在《全盤西化言論續集》

〈略論陳序經博士研究中國文化出路之比較方法〉　　家　駒

　　民國二十三年（1934）六月一日　廣州　《民國日報》
　　（副刊　五六期）

〈評《中國文化的出路》〉　　朱元懋

　　民國二十三年（1934）十月　南京　《讀書顧問》　一
　　卷三期　頁一四五～

〈評《中國文化的出路》〉　　余蘊仁

　　民國二十三年（1934）十一月十日　上海　《文化建設》
　　一卷二期　頁一一六～一一九

〈從東西文化談到南北文化〉　　馮恩榮

　　民國二十三年（1934）十二月二十五日　廣州　《南風》
　　一〇卷二期　頁一～七

〈中國本位的文化建設宣言〉　　王新命等十人

　　民國二十四年（1935）一月十日　上海　《文化建設》
　一卷四期　頁一～五

　　　　　　王新命　何炳松　武堉幹　孫寒冰　黃文山

　　　　　　陶希聖　章　益　陳高傭　樊仲雲　薩孟武

　　　　　　又名「一十宣言」或「十教授宣言」

　　民國二十四年（1935）二月十六日　上海　《東方雜誌》
　三二卷四號　頁八一～八三（轉載）

　　案：收在《中國文化建設討論集》、《中國本位文化建設
　　　　討論集》

〈現代的中國怎樣要孔子〉　　張東蓀

　　民國二十四年（1935）一月十六日　天津　《正風》（半
　月刊）　一卷二期　頁一二～

〈建設問題與東西文化〉　　吳景超

　　民國二十四年（1935）二月二十四日　北平　《獨立評
　論》　第一三九號　頁二～六

　　案：收在《中國文化建設討論集》

〈我是完全贊成陳序經先生的全盤西化論〉　　胡適之

　　民國二十四年（1935）三月十七日　北平　《獨立評論》
　第一四二號　頁二四（編輯後記）

　　案：收在《中國文化建設討論集》

〈中國文化建設動向〉　　陳石泉

　　民國二十四年（1935）三月十三日至三月二十一日　天
　津　《大公報》（連載）

〈試評所謂「中國本位的文化建設宣言」〉　　　胡　適

　　民國二十四年（1935）三月三十一日　天津　《大公報》
（星期論文）

　　民國二十四年（1935）四月七日　北平　《獨立評論》
第一四五號　頁四～七（轉載《大公報》星期論文）

　　民國二十四年（1935）四月八日　天津　《國聞週報》
一二卷一三期　頁一～

　　民國二十四年（1935）四月十日　上海　《文化建設》
一卷七期　頁一〇三～一〇五

〈西化問題之批判〉　　　張佛泉

　　民國二十四年（1935）四月一日　天津　《國聞週報》
一二卷一二期　頁一～

　　民國二十四年（1935）五月十日　上海　《文化建設》
一卷八期　頁二三六～二四〇

　　案：收在《全盤西化言論三集》

〈全盤西化論的錯誤〉　　　王新命

　　民國二十四年（1935）四月三日　上海　《晨報》

　　民國二十四年（1935）五月十日　上海　《文化建設》
一卷八期　頁二四七～二五〇

　　案：收在《中國文化建設討論集》

〈全盤西化論檢討〉　　　李紹哲

　　民國二十四年（1935）四月六日　上海　《晨報》（晨
曦）

　　民國二十四年（1935）五月十日　上海　《文化建設》
一卷八期　頁二五〇～二五二

案：收在《中國文化建設討論集》

〈文化建設與科學化運動〉　　陳石泉

民國二十四年（1935）四月七日　上海　《大公報》

民國二十四年（1935）五月十日　上海　《文化建設》
一卷八期　頁二五七～二六〇

案：收在《中國文化建設討論集》

〈答陳序經先生的全盤西化論〉　　吳景超

民國二十四年（1935）四月二十一日　北平　《獨立評論》　第一四七號　頁二～四

民國二十四年（1935）六月十日　上海　《文化建設》
一卷九期　頁二二〇～二二二

案：收在《中國文化建設討論集》

〈全盤西化論再檢討〉　　李紹哲

民國二十四年（1935）四月二十六日　上海　《晨報》
（晨曦）

民國二十四年（1935）六月十日　上海　《文化建設》
一卷九期　頁二一七～二一九

案：收在《中國文化建設討論集》

〈我們的總答覆〉　　王新命等十人

民國二十四年（1935）五月十日　上海　《文化建設》
一卷八期　頁一～四

民國二十四年（1935）五月十二日　上海　《晨報》

案：收在《中國文化建設討論集》

〈讀十教授的總答覆〉

民國二十四年（1935）五月十三日　上海　《大美晚報》

　　民國二十四年（1935）六月十日　上海　《文化建設》
一卷九期　頁二三〇～二三一

〈「我們的總答覆」書後〉　　　嚴既澄

　　～向「中國本位文化建設宣言」的十位起草者進一言～

　　民國二十四年（1935）五月二十二日、二十三日　天津
《大公報》（上、下）

　　民國二十四年（1935）七月十日　上海　《文化建設》
一卷一〇期　頁一八七～一九〇

〈讀了「我們的總答覆」以後〉　　　曾建屏

　　民國二十四年（1935）六月二～六日　上海　《晨報》
（晨曦）

　　民國二十四年（1935）八月十日　上海　《文化建設》
一卷一一期　頁一六六～一七〇

〈讀上海十教授「我們的總答覆」後〉　　　徐彝尊

　　民國二十四年（1935）五月　南京　《正論旬刊》　第
二十八期　頁二〇～

　　民國二十四年（1935）七月十日　上海　《文化建設》
一卷一〇期　頁一九三～一九五

〈陳胡二先生「全盤西化」論的檢討〉　　　王南屏

　　民國二十四年（1935）六月九日～十二日　上海　《晨
報》（晨曦）

　　民國二十四年（1935）八月十日　上海　《文化建設》
一卷一一期　頁一七〇～一七七

　　案：收在《中國文化建設討論集》

〈論全盤西化質胡適之先生〉　　樓觀澤

　　民國二十四年（1935）六月十三日　上海　《晨報》

　　民國二十四年（1935）八月十日　上海　《文化建設》

　一卷一一期　頁一七八～一七九

〈充分世界化與全盤西化〉　　胡　適

　　民國二十四年（1935）六月二十三日　天津　《大公報》

　（星期論文）

　　民國二十四年（1935）八月十日　上海　《文化建設》

　一卷一一期　頁一七九～一八〇

　　案：收在《全盤西化言論三集》

〈中國本位文化與全盤西化之論爭〉　　眞

　　民國二十四年（1935）七月　上海　《申報月刊》　一

　卷七期　頁二九三～

〈自信心的根據〉　吳景超

　　民國二十四年（1935）七月七日　天津　《大公報》（星

　期論文）

　　民國二十四年（1935）七月二十八日　北平　《獨立評

　論》　第一六一號　頁九～一一（轉載：大公報）

　　案：收在《中國文化建設討論集》

〈論自信力的根據〉　　潘光旦

　　民國二十四年（1935）七月二十一日　北平　《獨立評

　論》　第一六〇號　頁四～七

〈答陳序經先生〉　　胡　適

　　民國二十四年（1935）七月二十一日　北平　《獨立評

　論》　第一六〇號　頁一五～一六

民國二十四年（1935）八月十日　上海　《文化建設》
一卷一一期　頁一八三～一八四

案：收在《全盤西化言論三集》

〈科學的文化建設〉　　　盧于道

民國二十四年（1935）八月　上海　《科學雜誌》　一
九卷五期

民國二十四年（1935）九月十日　上海　《文化建設》
一卷一二期　頁一五一～一五四

〈關於整個教育目標問題〉　　張佛泉

民國二十四年（1935）三月十一日　天津　《國聞週報》
一二卷九期　頁一～

〈論文化的創造～致張季同先生〉　　　沈昌曄

民國二十四年（1935）四月十五日　天津　《國聞週報》
一二卷一四期　頁一～

〈西化與創造～答沈昌曄先生〉　　　張季同

民國二十四年（1935）五月二十日　天津　《國聞週報》
一二卷一九期

民國二十四年（1935）五月二十七日　天津　《國聞週
報》　一二卷二○期

〈全盤西化與中國本位〉　　張熙若

民國二十四年（1935）六月十七日　天津　《國聞週報》
一二卷二三期　頁一～

民國二十四年（1935）八月十日　上海　《文化建設》
一卷一一期　頁一五五～一六○

〈西化問題的尾聲〉　　張佛泉

　　民國二十四年（1935）八月五日　天津　《國聞週報》
　一二卷三〇期　頁一～

　　案：收在《全盤西化言論三集》

〈教育與中國出路〉　　張東蓀

　　民國二十四年（1935）十月十日　上海　《文化建設》
　二卷一期　頁一七六～一八一

〈全盤西化平議〉　　謝扶雅

　　民國二十四年（1935）　廣州市　《嶺南周報》　四卷
　一二期

〈全盤西化的商榷〉　　康　士

　　民國二十四年（1935）九月　南京　《半月評論》　一
　卷一五、一六期（合刊）　頁二～

〈「全盤西化」就是「中國本位文化」〉　　黎錦熙

　　民國二十四年（1935）十月　北平　《文化與教育》　第
　七〇期　頁一～

〈胡適與全盤西化〉　　徐彬彬（本名：徐高阮）

　　民國二十四年（1935）十一月一日　上海　《文化建設》
　二卷二期　頁一五四

　　原刊：天津《正風》（半月刊），凌霄漢：閣筆記。

　　案：收在《胡適傳記資料》（三），臺北市‧天一出版
　　　　社（一九七九年版）。

　　綜觀上列文獻資料，計有：陳氏著作相關者：專書四種、
論文二三篇。有關「全盤西化」者，專書四種、論文五六篇。
在臺灣「國立臺灣圖書館」（前「臺灣總督府圖書館」改制），

藏量豐富。於民國三十八年（1949）以前發行「中文期刊」
中，就其相關者，分著如上，以供方家查考。

三、文化論戰

　　二十世紀三〇年代，乃中國傳統文化轉型時期，深受歐
美物質文明衝擊，在國內學術（思想）界，於文化發展走向
上，形成三種不同派別，諸如：陳序經（激進派），主「全
盤西化論」，屬於文化上激進主義派。梁漱溟（學衡派，俗
稱：復古派），倡「國故新知論」，屬於文化上保守主義派。
張東蓀（折衷派），主「多元文化論」，屬於文化上自由主
義派。此外，戰國策派，主張「權力意志論」，形成於日本
侵華期間，游離於三派之間。

　　文化論戰，在「五四運動」時期，便有「新文化精神」
爭議。迨一九三〇年代，陳序經（激進主義派）〈中國文化
的出路〉發表後，引起學術（文教）界極大震撼，同時展開
全國性「中西文化」大論戰，其影響至深且鉅。除陳序經著
作，暨與「全盤西化」相關者外，當時學者專家之著作，有
與「本位文化」、「中西文化」相關部分，分別臚著於次，
以供方家查考。

甲、有關「本位文化」部分

《中國文化建設討論集》　　馬芳若編
　　民國二十四年（1935）九月　上海市　龍文書店
　　16,862 面　有圖表　21 公分
　　民國二十五年（1936）十二月　上海市　國音書局

（16），814, 48 面　有圖表　21 公分　精裝

本《中國文化建設討論集》，計分三編。上編：中國本位的文化建設宣言與各方對中國本位的文化建設宣言的意見。中編：西化問題的討論。下編：包括各方對建設中國文化的意見、中國文化建設的動向、文化建設及其他等，共收一五○餘篇論文。

　　附錄：〈我對於「中國本位的文化建設宣言」與中國文化建設的意見〉等三篇。

　　封面題印：「當代名流學者文化巨子，全國輿論界的權威作」。

　　案：國音書局本，有何炳松及編者二序。

民國六十九年（1980）三月　臺北市　帕米爾書店

2 冊　有圖表　21 公分

　　（中國現代文化史料叢刊）

本「帕米爾書店版」，係據民國二十四年（1935）九月，上海「龍文書店本」景印出版，並改書名《文化建設與西化問題討論集》。

　　臺灣：國立臺灣圖書館：541.32/4915

《中國本位文化建設討論集》　　樊仲雲編

民國二十五年（1936）九月　上海市　文化建設月刊社

430 面　有圖表　21 公分

本《中國本位文化建設討論集》內分：何謂文化、何謂中國本位、中國本位與不守舊、中國本位與不盲從、中國本位與中體西用、西化世界化與中國本位等九大論題。計收王新命、高邁、樊仲雲等三十餘人之論文四○餘篇，有

編者序及陳立夫的緒論〈文化與中國文化之建設〉。

　　民國六十九年（1980）三月　臺北市　帕米爾書店

　　437 面　有圖表　21 公分

　　　　（中國現代文化史料叢刊）

　　本「帕米爾書店版」，係依據民國二十五年（1936）九月，上海《文化建設》月刊社本景印出版，並改書名《中國本位文化討論集》。

　　　　臺灣：國立臺灣圖書館：541.32/4915-2

〈中國本位的文化建設宣言〉　　　　王新命

　　民國二十四年（1935）一月十日　上海　《文化建設》一卷四期　頁一～五

　　　　王新命　何炳松　武堉幹　孫寒冰　黃文山

　　　　陶希聖　章　益　陳高傭　樊仲雲　薩孟武

　　　　又名：〈一十宣言〉或〈十教授宣言〉

〈中國本位的文化建設〉

　　民國二十四年（1935）一月十日　上海　《晨報》

〈中國本位的文化觀〉

　　民國二十四年（1935）一月十二日　杭州　《東南日報》

〈中國之文化建設問題〉

　　民國二十四年（1935）一月十三日　上海　《申報》

〈如何建設中國本位的文化〉

　　民國二十四年（1935）一月十五日　上海　《新聞報》

〈中國本位的文化建設宣言的回響〉

　　民國二十四年（1935）一月十七日　南京　《中央日報》

〈建設中國本位的文化〉

　　民國二十四年（1935）一月十九日　漢口　《大同日報》

〈十教授文化建設宣言批判〉　　許崇清

　　民國二十四年（1935）二月　上海　《學藝》　一四卷
一期　頁一～

〈讀上海十教授宣言後的幾個疑問〉　　大　魯

　　民國二十四年（1935）二月　南京　《正論》（旬刊）
第一六期　頁一五～

〈中國本位與世界本位〉　　樊仲雲

　　民國二十四年（1935）二月　上海　《新人周刊》　一
卷二三期　頁四六四～

〈中國本位與世界本位〉　　從　予

　　民國二十四年（1935）二月十日　上海　《文化建設》
一卷五期　頁一～三

〈中國本位的文化建設問題〉　　孟　眞

　　民國二十四年（1935）二月十日　上海　《文化建設》
一卷五期　頁三～四

〈中國本位文化建設座談會〉

　　民國二十四年（1935）二月十日　上海　《文化建設》
一卷五期　頁七～二二

　　與會者：樊仲雲　章　益　陳高傭　主席：何炳松

〈讀「中國本位的文化建設宣言」以後〉　　葉　青

　　民國二十四年（1935）二月十日　上海　《文化建設》
一卷五期　頁二三～二七

〈評「中國本位的文化建設宣言」〉　　李麥麥

　　民國二十四年（1935）二月十日　上海　《文化建設》
一卷五期　頁二七～三一

〈談「中國本位」〉　　潘光旦

　　民國二十四年（1935）一月　上海　《華年》（週刊）
四卷三期　頁四四～

　　民國二十四年（1935）一月　上海　《文化建設》　一
卷五期　頁三四～三六

〈中國本位文化運動的歷史意義與實質〉　　漆淇生

　　民國二十四年（1935）二月十日　上海　《文化建設》
一卷五期　頁三七～四〇

〈從五四運動說到「一十宣言」〉　　許性初

　　民國二十四年（1935）二月十日　上海　《文化建設》
一卷五期　頁三一～三四

〈中國本位文化建設運動的展望〉　　陳柏心

　　民國二十四年（1935）三月　南京　《半月評論》　一
卷三期　頁一一～

〈中國本位文化建設之基要觀〉　　顧　行

　　民國二十四年（1935）三月　南京　《正中半月刊》　一
卷七期　頁一～

〈中國本位文化建設運動質疑〉　　潘新藻

　　民國二十四年（1935）三月　南京　《正中半月刊》　一
卷七期　頁七～

〈中國本位的文化建設問題〉　　龔啓昌

　　民國二十四年（1935）三月　南京　《時代公論》　三

卷四九期　頁六～

〈首都中國本位的文化建設座談會記事〉

　　民國二十四年（1935）三月十日　上海　《文化建設》

　一卷六期　頁七～一七

　　與會者：羅家倫　馬寅初　王世杰　方東美　劉國鈞

〈中國本位的文化建設問題〉　　　張素民

　　民國二十四年（1935）三月十日　上海　《文化建設》

　一卷六期　頁六一～六六

〈怎樣建設中國文化〉　　　魯　克

　　民國二十四年（1935）三月十日　上海　《文化建設》

　一卷六期　頁一七七～一七八

　　原刊：民國二十四年一月二十一日，南京《十日文壇》

〈上海十教授宣言給我們的一個印象〉　　伯　剛

　　民國二十四年（1935）一月　南京　《正論》（旬刊）

　第一二期　頁二二～

　　民國二十四年（1935）三月十日　上海　《文化建設》

　一卷六期　頁一七八～一七九

〈關於「中國本位的文化建設宣言」的討論〉　　江問漁

　　民國二十四年（1935）三月十日　上海　《文化建設》

　一卷六期　頁一七九～一八〇

　　原刊：上海《國訊》（旬刊）　第八六期

〈中國本位文化建設略評〉　　太　盧

　　民國二十四年（1935）三月十日　上海　《文化建設》

　一卷六期　頁一八〇

　　原刊：民國二十四年二月二十八日　《新夜報》

〈讀十教授宣言後的感想〉　　李成謨

民國二十四年（1935）二月　南京　《時代公論》　三卷四六號　頁一五～

民國二十四年（1935）三月十日　上海　《文化建設》一卷六期　頁一八〇～一八一

〈對中國本位的文化建設宣言的商榷〉　　次　騰

民國二十四年（1935）三月十日　上海　《文化建設》一卷六期　頁一八一～一八四

原刊：民國二十四年一月，南京《正論》（旬刊）　第一〇、一一期（合刊）

〈關於中國本位的文化建設〉　　馬　望

民國二十四年（1935）三月十日　上海　《文化建設》一卷六期　頁一八四～一八五

原刊：《新生》（二卷二期）

〈一十宣言之檢討〉　　姚寶賢

民國二十四年（1935）二月十三日　上海　《晨報》（晨曦）

民國二十四年（1935）三月十日　上海　《文化建設》一卷六期　頁一八五～一八六

〈建設中國本位文藝芻議〉　　宗　流

民國二十四年（1935）二月十三日　上海　《晨報》（晨曦）

民國二十四年（1935）三月十日　上海　《文化建設》一卷六期　頁一八六～一八七

〈讀一十宣言後的感想〉　　孫育才

民國二十四年（1935）二月十三日　上海　《晨報》（晨曦）

民國二十四年（1935）三月十日　上海　《文化建設》一卷六期　頁一八七～一八八

〈中國文化的建設〉　　行　安

民國二十四年（1935）三月十日　上海　《文化建設》一卷六期　頁一八九～一九〇

民國二十四年（1935）二月十六日　上海　《申報》（本埠增刊）

〈建設中國本位文化之我見〉　　曾今可

民國二十四年（1935）二月十五日　上海　《晨報》

民國二十四年（1935）三月十日　上海　《文化建設》一卷六期　頁一九〇

〈中國本位文化建設宣言〉　　車同文

民國二十四年（1935）二月十七日　上海　《時事新報》（學燈）

民國二十四年（1935）三月十日　上海　《文化建設》一卷六期　頁一九〇～一九一

〈論中國本位的文化〉　　魯　人

民國二十四年（1935）二月十八日　上海　《大美晚報》

民國二十四年（1935）三月十日　上海　《文化建設》一卷六期　頁一九二～一九三

〈何哉所謂本位文化者〉　　善　之

民國二十四年（1935）二月十八日　鎮江　《新江蘇報》

　　民國二十四年（1935）三月十日　上海　《文化建設》
一卷六期　頁一九三

〈爲文化運動一解〉

　　民國二十四年（1935）二月二十三日　上海　《江南正報》

　　民國二十四年（1935）三月十日　上海　《文化建設》
一卷六期　頁一九五～一九六

〈關於中國本位的文化建設〉　　　張季同

　　民國二十四年（1935）三月十八日　天津　《國聞週報》
一二卷一〇期　頁一～

〈現階段中國文化建設的把握〉　　葉法無

　　民國二十四年（1935）四月　南京　《正論》（旬刊）
第二四期　頁一〇～

〈智識界應該做中國本位的學術研究〉　　黃　豪

　　民國二十四年（1935）四月　南京　《政治評論》　第
一五〇期　頁七〇〇～

〈建設中國本位文化問題〉　　何炳松講

　　民國二十四年（1935）四月　上海　《大夏週報》　一
一卷二四期　頁六六七～

〈中國本位與三民主義本位〉　　高　飛

　　民國二十四年（1935）四月　北平　《東北青年》　六
卷六期　頁一五～

〈十教授積極進行中國本位文化建設〉

　　民國二十四年（1935）四月　上海　《教育雜誌》　二
五卷四期　頁三七二～

〈續「一十宣言」以後〉　洪　烈

　　民國二十四年（1935）四月　漢口　《警醒半月刊》　三卷六期　頁四五～

〈中國本位的文化建設之發端〉　　鄧白林

　　民國二十四年（1935）四月十六日　上海　《論語》（半月刊）　第六三期　頁七二九～七三〇

〈文化建設與中國本位的學術研究〉　　黃　豪

　　民國二十四年（1935）五月　北平　《行健月刊》　六卷五期　頁九～

〈從握筷談到本位文化〉　　公　頁

　　民國二十四年（1935）五月　南京　《中國新論》　一卷二期　頁七三～

〈我對於中國本位文化建設問題的簡單意見〉　　常燕生

　　民國二十四年（1935）五月　北平　《文化與教育》（旬刊）　第五五期　頁一～

〈論「中國本位的文化建設」問題〉　　王青雲

　　民國二十四年（1935）四月十一日　濟南　《通俗日報》

〈中國本位的政治和文化〉　　陳公博

　　民國二十四年（1935）五月一日　上海　《民族雜誌》三卷五期　頁七五一～七五六

〈談中國本位文化〉　　余景陶

　　民國二十四年（1935）五月五日　北平　《獨立評論》第一四九號　頁一四～一六

〈論中國本位文化建設答胡　適先生〉　　何炳松

　　民國二十四年（1935）五月十日　上海　《文化建設》

　　一卷八期　頁四三～五三

　　何炳松、薩孟武、李俚人，各著一文，名同義異。

〈怎樣瞭解中國本位的文化建設〉　　　陳高傭

　　民國二十四年（1935）五月十日　上海　《文化建設》
　　一卷八期　頁五五～五八

〈北平中國本位的文化建設座談會紀事〉

　　民國二十四年（1935）五月十日　上海　《文化建設》
　　一卷八期　頁六七～七六

　　與會者：蔣夢麟　馮友蘭　張崧年　黎錦熙　李書華

〈文化與中國文化之建設〉　　　陳立夫

　　民國二十四年（1935）三月　南京　《海外月刊》　第
　　三〇期　頁一～

　　民國二十四年（1935）五月十日　上海　《文化建設》
　　一卷八期　頁二二一～二二六

　　案：中央黨部紀念週講演辭（講稿）

〈中國文化運動之新開展〉

　　民國二十四年（1935）四月三日　天津　《大公報》（社
　　論）

　　民國二十四年（1935）五月十日　上海　《文化建設》
　　一卷八期　頁二二六～二二七

〈社會調查與中國本位的文化建設〉　　　言心哲

　　民國二十四年（1935）三月十八日　南京　《中央日報》
　　民國二十四年（1935）五月十日　上海　《文化建設》
　　一卷八期　頁二二七～二三一

〈中國本位的文化建設之商討〉　　餤　生

　　民國二十四年（1935）五月十日　上海　《文化建設》
　一卷八期　頁二三一～二三三

　　　原刊：《新壘》　五卷二、三期（合刊）

〈中國本位的文化建設〉　　晉　生

　　民國二十四年（1935）五月十日　上海　《文化建設》
　一卷八期　頁二三四～二三五

　　　原刊：太原《新建設》（半月刊）　二卷一〇期

〈文化建設問題〉　　盧哲夫

　　民國二十四年（1935）二月　上海　《科學論叢》　第
　三集　頁一七三～

　　民國二十四年（1935）五月十日　上海　《文化建設》
　一卷八期　頁二三五～二三六

〈論中國文化運動〉　　翁率平

　　民國二十四年（1935）四月　南京　《正論》（旬刊）
　第二二期　頁五～

　　民國二十四年（1935）五月十日　上海　《文化建設》
　一卷八期　頁二四四～二四六

〈本位文化建設徵文〉　　李　認

　　民國二十四年（1935）五月十日　上海　《文化建設》
　一卷八期　頁二四六

　　　原刊：《新壘》（月刊）　五卷二、三期（合刊）

〈本位文化的反對者〉　　煥　然

　　民國二十四年（1935）五月十日　上海　《文化建設》
　一卷八期　頁二四六～二四七

〈論中國的文化建設〉　　程　序

　　民國二十四年（1935）四月七日　上海　《時事新報》
（星期學燈）

　　民國二十四年（1935）五月十日　上海　《文化建設》
一卷八期　頁二五二～二五三

〈建設文化之基本問題〉　　張世祿

　　民國二十四年（1935）四月九日～十一日　上海　《晨
報》（晨曦）

　　民國二十四年（1935）五月十日　上海　《文化建設》
一卷八期　頁二五三～二五五

〈本位文化建設運動〉　　劉國剛

　　民國二十四年（1935）五月十日　上海　《文化建設》
一卷八期　頁二五五～二五七

　　原刊：長沙《砥柱》（周刊）　四卷一一期

〈建設中國文化問題之檢討〉　　孫承烈

　　民國二十四年（1935）四月六日　漢口　《武漢日報》

　　民國二十四年（1935）五月十日　上海　《文化建設》
一卷八期　頁二六〇

〈關於中國本位文化建設問題〉　　吳忠亞

　　民國二十四年（1935）五月十日　上海　《文化建設》
一卷八期　頁二六〇～二六二

　　原刊：武昌《中興周刊》（四卷一五期）

〈中國到那裡去：三條死路一線生機〉　　王懋和

　　民國二十四年（1935）四月十四日　上海　《晨報》

　　民國二十四年（1935）五月十日　上海　《文化建設》

一卷八期　頁二六二～二六三

〈釋文化〉　　高　邁

　　民國二十四年（1935）四月十二日　南京　《中央日報》

　　民國二十四年（1935）五月十日　上海　《文化建設》

　一卷八期　頁二六三～二六四

〈中國目前最需要之文化建設〉　　蕭師毅

　　民國二十四年（1935）六月　北平　《磐石雜誌》　三

　卷六期　頁三三二～

〈我也談「中國本位文化建設」問題〉　　姜　琦

　　民國二十四年（1935）六月　南京　《國衡半月刊》　一

　卷三期　頁一○～

〈中國本位的文化建設宣言批判〉　　許崇清

　　民國二十四年（1935）四月十日　上海　《文化建設》

　一卷七期

〈中國本位文化建設批判總清算〉　　李立中

　　民國二十四年（1935）四月十日　上海　《文化建設》

　一卷七期

〈中國本位意識與中國本位文化〉　　劉絜敖

　　民國二十四年（1935）六月十日　上海　《文化建設》

　一卷九期　頁三三～四五

〈試評胡適「試評所謂中國本位的文化建設」〉　　李劍華

　　民國二十四年（1935）五月　南京　《中國新論》　一

　卷二期　頁六五～

　　民國二十四年（1935）六月十日　上海　《文化建設》

　一卷九期　頁一九九～二○三

〈掃除固有文化〉　　　翁率平

　　民國二十四年（1935）四月　南京　《正論》（旬刊）
　第二一期　頁三～

　　民國二十四年（1935）六月十日　上海　《文化建設》
　一卷九期　頁二〇三～二〇七

〈中國本位的文化與外國本位的文化〉　　　吳實因

　　民國二十四年（1935）五月　天津　《正風半月刊》　第
　九期　頁一～

　　民國二十四年（1935）六月十日　上海　《文化建設》
　一卷九期　頁二〇七～二〇九

〈從文化建設談到目前需要〉　　　恕　齋

　　民國二十四年（1935）六月十日　上海　《文化建設》
　一卷九期　頁二〇九～二一〇

　　原刊：四月二十三日　南京　《中央日報》

〈中國本位文化建設之路〉　　　吳忠亞

　　民國二十四年（1935）　六月十日　上海　《文化建設》
　一卷九期　頁二一〇～二一三

　　原刊：武昌《中興週刊》　四卷九一期

〈歡迎陶希聖先生並論「中國本位的文化建設」問題〉
　　　　　　　　　　王青雲

　　民國二十四年（1935）四月二十一日　上海　《晨報》
　　民國二十四年（1935）六月十日　上海　《文化建設》
　一卷九期　頁二一四～二一九

〈中體西用與中國本位辨異〉　　　李紹哲

　　民國二十四年（1935）四月三十日　上海　《晨報》（晨

曦）

　　民國二十四年（1935）六月十日　上海　《文化建設》
一卷九期　頁二一九～二二〇

〈談中國本位文化〉　　　余景陶

　　民國二十四年（1935）五月五日　北平　《獨立評論》
第一四九號　頁一四～一六

　　民國二十四年（1935）六月十日　上海　《文化建設》
一卷九期　頁二二七～二二九

〈中國本位文化建設實際問題〉　　宇　振

　　民國二十四年（1935）六月十日　上海　《文化建設》
一卷九期　頁二二九～二三〇

　　原刊：天津《現代社會》　四卷十期、十一期（合刊）

〈談「中國本位文化建設」之閒天〉　　熊夢飛

　　民國二十四年（1935）四月　北平　《文化與教育》（旬
刊）　第五〇期　頁一～　　（一）

　　　　　　　第五一期　頁一～　　（二）

　　　　　　　第五二期　頁一～　　（三）

　　民國二十四年（1935）六月十日　上海　《文化建設》
一卷九期　頁二三四～二四二

〈中國本位文化建設與教育建設〉　　孫育才

　　民國二十四年（1935）七月　鎮江　《江蘇教育》　四
卷七期　頁一〇～

〈中國本位文化建設問題的管窺〉　　卞鎬田

　　民國二十四年（1935）七月　北平　《文化與教育》（旬
刊）　第九〇期　頁一四～

〈再論中國本位的文化建設〉　　李俚人

　　　～兼質陳序經、王西徵兩先生～

　　民國二十四年（1935）七月十日　上海　《文化建設》
　一卷一〇期　頁九～一四

〈中山文化與本位文化〉　　羅敦偉

　　民國二十四年（1935）七月十日　上海　《文化建設》
　一卷一〇期　頁一五～二二

〈關於中國本位文化建設問題〉　　吳忠亞

　　民國二十四年（1935）七月十日　上海　《文化建設》
　一卷一〇期　頁二三～三〇

〈濟南中國本位文化建設座談會記事〉

　　民國二十四年（1935）七月十日　上海　《文化建設》
　一卷一〇期　頁三一～三八

　　　　主席：何恩源　　紀錄：楊翼心　李桂生
　　　　講演：陶希聖　梁漱溟　張鴻烈　翁文灝

〈中國本位文化要義〉　　王西徵

　　　（十教授・一十宣言・五十宣言・二民）

　　民國二十四年（1935）七月十日　上海　《文化建設》
　一卷一〇期　頁一九〇～一九一

　　原刊：民國二十四年五月二十五日，天津《大公報》

〈自信力與誇大狂〉　　梁實秋

　　民國二十四年（1935）七月十日　上海　《文化建設》
　一卷一〇期　頁一九一～一九三

　　原刊：民國二十四年六月九日，天津《大公報》（星期
　　　論文）

〈再論中國本位文化建設的前途〉　　莊心在

　　～兼評胡適之先生的意見～

　　民國二十四年（1935）七月十日　上海　《文化建設》

　一卷一〇期　頁一九五～一九六

　　原刊：民國二十四年五月十二日，上海《時事新報》（學

　　　燈）

〈中國本位文化建設宣言的回應及其批判〉　　絮　如

　　民國二十四年（1935）七月十日　上海　《文化建設》

　一卷一〇期　頁一九六～一九九

　　原刊：北平《人民評論》（旬刊）　第七十五期

〈文化的選擇問題〉　　張大同

　　民國二十四年（1935）七月十日　上海　《文化建設》

　一卷一〇期　頁一九九～二〇一

　　原刊：民國二十四年六月五日，南京《中央日報》

〈中國本位文化建設緒論〉　　李劍華

　　民國二十四年（1935）七月十日　上海　《文化建設》

　一卷一〇期　頁二〇一～二〇五

　　原刊：民國二十四年六月七日，南京《中央日報》

〈建設新文化之物質的基礎〉　　閑　六（徐閑六）

　　民國二十四年（1935）七月十日　上海　《文化建設》

　一卷一〇期　頁二〇五～二〇七

　　原刊：北平《行健月刊》　六卷五期

〈建設中國本位文化之論爭〉　　靈　均

　　民國二十四年（1935）八月　上海　《復興月刊》　三

　卷一二期　頁一～

〈從五四運動談到文化建設〉

　　民國二十四年（1935）五月五日　　北平　　《益世報》

　　民國二十四年（1935）八月十日　　上海　　《文化建設》

　一卷一一期　頁一五三～一五四

〈再論本位文化建設〉

　　民國二十四年（1935）八月十日　　上海　　《文化建設》

　一卷一一期　頁一五四～一五五

　　原刊：民國二十四年五月二十六日，北平《益世報》

〈文化聯繫性〉　　李紹哲

　　民國二十四年（1935）八月十日　　上海　　《文化建設》

　一卷一一期　頁一七七～一七八

　　原刊：民國二十四年六月十日，上海《晨報》（晨曦）

〈怎樣建設中國本位的法律〉　　阮毅成

　　民國二十四年（1935）九月十日　　上海　　《文化建設》

　一卷一二期　頁一五四～一五五

　　原刊：南京《政治評論》第一五六、一五七號（合刊）

〈中國的本位文化與中國本位的文化〉　　黃仲翔

　　民國二十四年（1935）九月十日　　上海　　《文化建設》

　一卷一二期　頁一五五～一五七

　　原刊：南京《政治月刊》　三卷二期

〈中國本位文化連中之四生與三才〉　　靜　一

　　民國二十四年（1935）九月十日　　上海　　《文化建設》

　一卷一二期　頁一五七～一六〇

　　原刊：南京《政治月刊》　三卷二期

〈中國本位文化與大學之道〉　　儀　方

　　民國二十四年（1935）九月十日　上海　《文化建設》

　一卷一二期　頁一六〇～一六六

　　原刊：南京《政治月刊》　三卷二期

〈中國文化建設之我見〉　　孫道昇

　　民國二十四年（1935）五月　北平　《行健月刊》　六

　卷五期　頁三一～

　　民國二十四年（1935）九月十日　上海　《文化建設》

　一卷一二期　頁一六六～一七三

〈選擇〉

　　民國二十四年（1935）九月十日　上海　《文化建設》

　一卷一二期　頁一七五～一七六

　　譯刊：民國二十四年（1935）八月十一日，上海《大陸

　　　　報》

〈論中國本位的文化〉　　孫伏園

　　民國二十四年（1935）九月十日　上海　《文化建設》

　一卷一二期　頁一七三～一七五

　　原刊：定縣《民間》（半月刊）　二卷五期　頁一～三

〈中國思想界之巨浪〉　　室伏高信

　　民國二十四年（1935）九月十日　上海　《文化建設》

　一卷一二期　頁一七六

　　譯自：日本昭和十年（1935）八月二十三日　東京　《讀

　　　　賣新聞》

〈論中國本位的文化建設〉　　遙　思

　　民國二十四年（1935）十二月　南京　《文化批判》　三

卷一期　頁一九五～

〈我們對於文化運動的意見〉

　　文學社等十七個團體，暨上海百餘位名流。於民國二十四年（1935）六月十一日，在《時事新報》、《新生週刊》（二卷二一期）公開發表。

　　案：收在《中國文化建設討論集》（附錄）

〈動盪一年來的中國本位文化問題的回顧與前瞻〉　卞鎬田

　　民國二十五年（1936）一月　北平　《文化與教育》　第七十七期　頁四～

〈建設中國本位文化論〉　　鮑先德

　　民國二十五年（1936）十一月　南京　《黃埔月刊》　六卷五期　頁六四～

〈現階段之中國文化建設〉　　陳果夫

　　民國二十五年（1936）十二月　南京　《中蘇文化》　一卷七期　頁六三～

〈今後文化建設問題～民族復興現代化與本位化〉　張君勱

　　民國二十六年（1937）三月　北平　《再生雜誌》　四卷一期　頁二一～

〈批評的文化運動論〉　　李紹哲

　　民國二十六年（1937）三月　南京　《建國月刊》　一六卷三期　頁一～

〈中國文化運動的前路〉　　楊同芳

　　民國二十六年（1937）四月　上海　《共信周刊》　一卷七期　頁一二六～

乙、有關「中西文化」部分

《中國問題之綜合的研究》　　**黃尊生**

　　民國二十四年（1935）　啓明書社

　　560 面　20 公分（25 開本）

　　　臺灣：國立臺灣圖書館：SD94/T5

《明日之中國文化》　　**張君勱**

　　民國二十五年（1936）（未著出版事項）

　　180 面　18 公分（三十二開本）

〈讀張君勱「明日中國之文化」〉　　**樊仲雲**

　　民國二十五年（1936）十月十日　上海　《文化建設》

　　一卷一期　頁六三～六六（書評）

《文化學論文集》　　**黃文山**

　　民國二十七年（1938）二月　廣州市　中國文化學會

　　388 面　有圖表　21 公分

　　　臺灣：國立臺灣圖書館：541.32/4402

〈評黃文山著「文化學論文集」〉　　**岑家梧**

　　民國二十八年（1939）九月　重慶　《青年中國季刊》

　　第一期　頁三三五～三三七（書評）

《文化教育哲學》　　**張申府**

　　民國二十七年（1938）三月　上海市　生活書店　初版

　　72 面　21 公分（二十五開本）

　　　（自由中國叢書　二）

《中國文化之命運》　　**朱謙之**

　　民國三十三年（1944）六月　廣州市　中山大學訓導處

　　52 面　有圖　18 公分

臺灣：國立臺灣圖書館：541.32/2503

《胡適與中西文化》　　胡　適等

民國五十六年（1967）五月　臺北市　水牛出版社

民國五十七年（1968）一月　臺北市　水牛出版社

324 面　有像圖　21 公分

（現代青年叢書　6）

本《胡適與中西文化》（論文集），封面又題《中國現代化之檢討與展望》，共收錄有關「中西文化」論文三十一篇（內中趙英敏一篇、徐高阮一篇、胡適十八篇、王新命等〈十教授宣言〉一篇、陳序經〈全盤西化的理由〉一篇、張佛泉一篇、蔣廷黻一篇、勞　榦一篇、居浩然一篇、李濟一篇、林語堂二篇、沈剛伯一篇、毛子水一篇，特載：蔣中正〈中山樓中華文化堂落成紀念文〉一篇）。

就時空窺之，多係二十世紀二〇、三〇年代「文化論戰」論文，暨民國四十、五十年代臺灣文教界之論文。大都認為中國向現代道路拓進中，最重要的課題在文化。在為自由與開放社會努力過程中，對於當前所推行「文化復興運動」，感到非常興奮。

今為響應這一注重「文化創造」的呼聲，特選胡適暨其他具有代表性之相關「文化論題」著作，編輯成集。奉獻給有熱誠有智慧的青年學子，必會產生「共同信念」，中國文化最瑰麗部分是在「將來」，而非在「過去」。

臺灣：國立臺灣圖書館：541.32/4730

〈論「比較中西」〉　　馮友蘭

～為治中西文化及民族性者進一解～

民國十一年（1922）五月　上海　《學藝》　二卷一〇
期　頁一～六

〈我們對西洋近代文明的態度〉　　胡　適

民國十五年（1926）七月十日　上海　《現代評論》　四
卷八三期　頁八三～九一

民國十五年（1926）八月十日　上海　《東方雜誌》　二
三卷一七號　頁七三～八二

〈東西文明問題質胡適之先生〉　　常燕生

民國十五年（1926）八月二十八日　上海　《現代評論》
四卷九〇期　頁二三六～二三八（一）

民國十五年（1926）九月四日　上海　《現代評論》　四
卷九一期　頁二五七～二五九（二）

案：前二文，揭開「中西文化」大論戰的序幕。

〈文化的傳播及其選擇作用〉　　孫本文

民國十八年（1929）十月十六日　南京　《中央大學校
刊》　一卷一期　頁四一～四六

〈介紹我自己的思想〉　　胡　適（原名：胡適之）

民國十九年（1930）六月　上海　《新月》　三卷四期
頁一～一八

案：參見《胡適文存》（民國二十年　上海　亞洲書館
　　初版）

〈中國文化研究芻議〉　　孫本文

民國十九年（1930）九月　上海　《社會學刊》　一卷
四期　頁一～一四

〈中國文化之向南發展〉　　　張振之

　　民國十九年（1930）十二月　南京　《新亞細亞月刊》

　　一卷三期　頁六五～七七

〈現代中國的北方與南方〉　　　梁園東

　　民國十九年（1930）十二月　上海　《新生命》（月刊）

　　三卷一二期　頁一～一二

〈怎樣使中國文化現代化〉　　　陳高傭

　　民國二十二年（1933）七月十五日　上海　《申報月刊》

　　二卷七期　頁四七～五二

〈中國現代文化問題〉　　　陳高傭

　　民國二十二年（1933）十月　上海　《新中華》　一卷

　　二〇期　頁一～

〈中西文化的異點及其鈎通後吾國社會上發生的危機〉

　　　　　　　　　鍾魯齊

　　民國二十二年（1933）十一月一日　上海　《民族雜誌》

　　一卷一一期　頁一八二七～一八五三

〈文化東西南北論〉　　　冰　生

　　民國二十三年（1934）三月　上海　《新中華》　二卷

　　六期　頁四九～

〈中國文化的本質與改造〉　　　弗　武

　　民國二十三年（1934）三月　廣西　《南方雜誌》　三

　　卷二期　頁一～（論著）

〈新文化的理論〉　　　周石泉

　　民國二十三年（1934）五月　南京　《新文化》　一卷

　　五期　頁九～

〈中國文化建設之展望〉　　孫幾伊

　　民國二十三年（1934）六月　上海　《復興月刊》　一
　卷一〇期　頁一～

〈從新文化運動談到科學化運動與中國的出路〉　　再　羊

　　民國二十三年（1934）十月　漢口　《警醒半月刊》　二
　卷七期　頁一〇～

〈中國現代文化的衝突和批判〉　　張季蓀

　　民國二十三年（1934）十月　北平　《清華週刊》　二
　卷二期　頁一四～

〈現代文化的轉機及其將來〉　　張顯豐

　　民國二十三年（1934）十月　北平　《北強月刊》　一
卷五期　頁八〇～

〈中國文化建設論〉　　陳立夫

　　民國二十三年（1934）十月十日　上海　《文化建設》
　一卷一期　頁一一～一六

〈中國文化的前途〉　　吳鐵城

　　民國二十三年（1934）十月十日　上海　《文化建設》
　一卷一期　頁一七～一九

〈中國文化的本質〉　　吳醒亞

　　民國二十三年（1934）十月十日　上海　《文化建設》
　一卷一期　頁一九～二二

〈中國文化上的南化問題〉　　陳高傭

　　民國二十三年（1934）十月十日　上海　《新中華》　二
　卷一九期　頁一～六

〈封建文化的解剖〉 　　熊得山

　　民國二十三年（1934）十月十日　上海　《新中華》　二
卷一九期　頁七～一二

〈中國文化現階段的把握〉 　　柳　湜

　　民國二十三年（1934）十月二十五日　上海　《新中華》
二卷二〇期　頁三九～四六

〈怎樣使中國文化科學化〉 　　陳高傭

　　民國二十三年（1934）十一月十日　上海　《文化建設》
一卷二期　頁二一～二六

〈文化移動論〉 　　斯石鹿

　　民國二十三年（1934）十二月　上海　《藝風》　二卷
一二期　頁三一～

〈中國文化之空間性的改造問題〉 　　盛敍功

　　民國二十三年（1934）十二月　上海　《地學季刊》　一
卷四期　頁三三～

〈關於文化建設的話〉 　　蕭哲民

　　民國二十四年（1935）二月　南京　《正論》（旬刊）
第一五期　頁一五～

〈從文化之性質講到文化學及文化建設〉 　　胡鑑民

　　民國二十四年（1935）三月　上海　《社會科學研究》
一卷一期　頁一二～

〈如何建設中國文化〉 　　邵元沖

　　民國二十四年（1935）三月　南京　《建國月刊》　一
二卷三期　頁一～

　　　　原刊：民國二十四年二月二十日　上海　《時事新報》

〈中國文化發展之特徵〉　　李建芳

　　民國二十四年（1935）三月十日　上海　《文化建設》
　一卷六期　頁一九～二五

〈中國文化之特質〉　　張金鑑

　　民國二十四年（1935）三月十日　上海　《文化建設》
　一卷六期　頁二六～三二

〈文化運動與「文化學」的建立〉　　陳高傭

　　民國二十四年（1935）三月十日　上海　《文化建設》
　一卷六期　頁三三～三七

〈由文化發達史論中國文化建設〉　　樊仲雲

　　民國二十四年（1935）三月十日　上海　《文化建設》
　一卷六期　頁三八～四五

〈恢復固有文化問題之檢討〉　　沈　嚴

　　民國二十四年（1935）三月十日　上海　《文化建設》
　一卷六期　頁五三～六〇

〈中國文化往何處去〉　　非　斯（本名：莫非斯）

　　民國二十四年（1935）四月　廣州　《群言》（不定期）
　一二卷二期　頁一五～一九

〈中國文化之地理背景〉　　胡翼成

　　民國二十四年（1935）四月　南京　《康藏前鋒》　二
　卷八期　頁一五～二〇　（上）

　　民國二十四年（1935）五月　南京　《康藏前鋒》　二
　卷九期　頁七～一四　（中）

　　民國二十四年（1935）九月　南京　《康藏前鋒》　三
　卷一期　頁一三～　（下）

〈中國文化的特徵在那裡〉　　梁漱溟

　　民國二十四年（1935）四月　廣州　《教育研究》　第
五十九號　頁一～

〈中國文化發展之道路〉　　李建芳

　　民國二十四年（1935）五月十日　上海　《文化建設》
一卷八期　頁一一～二一

〈中國科學化運動的動向〉　　陳石泉

　　民國二十四年（1935）五月十日　上海　《文化建設》
一卷八期　頁五九～六六

〈中國文化與歐洲文化〉　　鄒　魯

　　民國二十四年（1935）五月十五日　廣州　《三民主義
月刊》　五卷五期　頁一二～一五

〈國粹與西洋文化〉　　陶孟和

　　民國二十四年（1935）五月十九日　北平　《獨立評論》
第一五一號　頁一三～一七

〈文化問題〉　　鄒海濱（本名：鄒魯）

　　民國二十四年（1935）六月　廣州　《新民》（月刊）
一卷二期　頁一～三

〈文化單位論〉　　壽　生

　　民國二十四年（1935）六月二日　北平　《獨立評論》
第一五三號　頁五～一〇

〈怎樣建設現代中國的文化〉　　釋太盧

　　民國二十四年（1935）六月十日　上海　《文化建設》
一卷九期　頁二三～三二

〈文化建設管見〉　　程　文

　　民國二十四年（1935）七月　南京　《正論》（旬刊）

　第三十五期　頁一○～

〈文化建設與普及教育〉　　喻育之

　　民國二十四年（1935）八月十日　上海　《文化建設》

　一卷一一期　頁一四～一九

〈中國文化與宗教〉　　陳高傭

　　民國二十四年（1935）八月十日　上海　《文化建設》

　一卷一一期　頁三九～四七

〈論文化之特性及其研究〉　　高　邁

　　民國二十四年（1935）八月十日　上海　《文化建設》

　一卷一一期　頁四八～五九

〈評葉　青對於西洋文化的態度〉　　李建芳

　　民國二十四年（1935）八月十日　上海　《文化建設》

　一卷一一期　頁六○～六六

〈開明運動與文化〉　　鄭　昕

　　民國二十四年（1935）八月十一日　北平　《獨立評論》

　第一六三號　頁九～一二

〈我們此時此地的需要是甚麼〉　　區少幹

　　民國二十四年（1935）八月十一日　北平　《獨立評論》

　第一六三號　頁一八～二○

〈再論目前文化運動之性質問題〉　　李建芳

　　民國二十四年（1935）九月十日　上海　《文化建設》

　一卷一二期　頁二一～二八

〈中國古代文化的剖視〉 李立中

    民國二十四年（1935）九月十日　上海　《文化建設》
一卷一二期　頁二九～三八

〈文化綜合論〉 蘇淵雷

    民國二十四年（1935）十月十日　上海　《文化建設》
二卷一期　頁一七～三二

〈文化建設與科學〉 李若飛

    民國二十四年（1935）十月十六日　上海　《前途雜誌》
三卷一〇期　頁九～一八

〈文化變遷及其學說之探討〉 王一葉

    民國二十四年（1935）十月十六日　上海　《前途雜誌》
三卷一〇期　頁一九～二六

〈中國文化問題一個粗略的分析〉 茹春浦

    民國二十四年（1935）十月十六日　上海　《前途雜誌》
三卷一〇期　頁二七～三九

〈近代中國文化之動向及其前途〉 姚寶賢

    民國二十四年（1935）十月十六日　上海　《前途雜誌》
三卷一〇期　頁四〇～四六

〈中國文化建設的眞正意義〉 叢養材

    民國二十四年（1935）十月十六日　上海　《前途雜誌》
三卷一〇期　頁四七～六〇

〈文化運動應推展到農村去〉 謝善繼

    民國二十四年（1935）十月十六日　上海　《前途雜誌》
三卷一〇期　頁六一～六三

〈文化～武化〉　　熊　偉

民國二十四年（1935）十月二十七日　北平　《獨立評論》　第一四七號　頁七～一一

〈論物質文化與精神文化〉　　陳西池

民國二十四年（1935）十二月　廣州　《仁愛月刊》　一卷七、八期（合刊）　頁六三～六八

〈文化建設與經濟建設〉　　顏悉達

民國二十四年（1935）九月　南京　《中國建設月刊》一二卷三期　頁一～

〈文化建設與尊孔〉　　汪懋祖

民國二十四年（1935）九月　鎮江　《江蘇教育》　四卷九期　頁三〇～

民國二十四年（1935）十二月　武昌　《湖北教育月刊》二卷八期　頁一〇～

〈文化建設與教學〉　　楊曉春

民國二十四年（1935）十一月　南京　《中國建設月刊》一二卷五期　頁五五～

〈中國文化的價值及其建設〉　　寒　屏

民國二十四年（1935）十二月　上海　《汗血月刊》　六卷三期　頁六九～

〈文化建設的標準〉　　羅　光

民國二十五年（1936）一月　北平　《新北辰》　二卷一期　頁一～

〈我對於西洋文化的態度〉　　葉　青（本名：任卓宣）

民國二十五年（1936）一月十日　上海　《文化建設》

　二卷四期　頁一九～三一

〈目前文化運動的兩種性質〉　　汪疑今

　　民國二十五年（1936）一月十日　上海　《文化建設》
　二卷四期　頁三二～三八

〈資本主義文化的可能性〉　　李立中

　　民國二十五年（1936）一月十日　上海　《文化建設》
　二卷四期　頁三八～四七

〈評李建芳先生對文化運動的意見〉　　莫非斯

　　民國二十五年（1936）一月十日　上海　《文化建設》
　二卷四期　頁四八～五一

〈近代文化的變遷與教育〉　　若　山

　　民國二十五年（1936）二月　北平　《文化與教育》　第
　八十一期　頁一～

〈中國文化建設途徑的商榷〉　　薛賓海

　　民國二十五年（1936）三月　南京　《中國建設月刊》
　一三卷三期　頁六九～

〈民族文化與人類文化的關係與存亡〉　　吳念中

　　民國二十五年（1936）六月十日　上海　《文化建設》
　二卷九期　頁三七～五〇

〈論目前文化運動之性質〉　　李建芳

　　民國二十五年（1936）六月十日　上海　《文化建設》
　二卷九期　頁五一～五九　（上）

　　民國二十五年（1936）七月十日　上海　《文化建設》
　二卷一〇期　頁八一～　（下）

〈國難五年來之中國文化運動〉　　李　旭

　　民國二十五年（1936）九月　北平　《文化與教育》　第
　一〇二期　頁一四～

〈中國目前的文化運動〉　　艾思奇

　　民國二十五年（1936）十月　上海　《生活星期刊》　一
　卷一九期　頁二二二～

〈中國文化之動向〉　　張君勱

　　民國二十五年（1936）十月　上海　《出版周刊》　第
　二〇一期　頁七～

〈中國文化戰線之現勢〉

　　民國二十五年（1936）十月　南京　《文化批判》　二
　卷四期　頁九〇～

〈中國文化東南早於西北說〉　　呂思勉

　　民國二十五年（1936）十月　上海　《光華大學半月刊》
　五卷一期　頁九～

〈中國文化史上的循環矛盾現象〉　　陳高傭

　　民國二十五年（1936）十月十日　上海　《文化建設》
　三卷一期　頁三七～四四

〈對於西洋文化應有的態度〉　　顧憲民

　　民國二十五年（1936）十二月　南京　《國本半月刊》
　一卷二期　頁一六～

〈中西文化與回教化〉　　楊德元

　　民國二十六年（1937）三月　南京　《晨熹》　三卷三
　期　頁三～

〈關於中國文化的發達問題〉　　李　旭

　　民國二十六年（1937）五月　北平　《史地半月刊》　一
　卷一三、一四期（合刊）　頁一○～

〈中西文化初期之交流〉　鄭梅羲

　　民國二十六年（1937）六月　北平　《文化與教育》　第
　一二九期　頁二○～

〈中西文化的差異〉　　梁漱溟講　　葛向榮記

　　民國二十六年（1937）八月一日　四川巴縣　《北培》
　（月刊）　一卷一二期　頁五～七

〈中國文化之機運〉　　張園東

　　民國二十七年（1938）六月　貴陽　《新大夏月刊》　一
　卷一期　頁一八～二一

〈中華民族文化建設引言〉　　吳　康

　　民國二十七年（1938）八月一日　廣州　《民族文化》
　一卷一期　頁九～一○

〈戰時文化建設動向〉　　鍾志鵬

　　民國二十七年（1938）八月一日　廣州　《民族文化》
　一卷一期　頁一○～一二

〈創造科學的新民族文化〉　　伍重光

　　民國二十七年（1938）八月一日　廣州　《民族文化》
　一卷一期　頁一二～一四

〈文化落鄉問題檢討〉　　清　水

　　民國二十七年（1938）八月一日　廣州　《民族文化》
　一卷一期　頁一六～一八

〈抗戰建國與民族文化運動〉　　吳　康

　　民國二十七年（1938）九月十五日　廣州　《民族文化》
　一卷二期　頁三～六

〈抗戰建國與民族文化的新開展〉　　許宏杰

　　民國二十七年（1938）九月十五日　廣州　《民族文化》
　一卷二期　頁一二～一三

〈八十年來中國文化運動的路向〉　　岑家梧

　　民國二十八年（1939）九月　重慶　《青年中國季刊》
　第一期　頁七七～八七

〈新中國的文明與文化〉　　蔡樞衡

　　民國三十年（1941）一月十六日　昆明　《今日評論》
　五卷五期

〈答陳序經先生〉　　馮友蘭

　　民國三十年（1941）二月十六日　昆明　《今日評論》
　五卷六期

〈迎接第二大翻譯時代〉　　柳　浪

　　民國三十年（1941）三月一日　成都　《新中國日報》
　（副刊）

〈文化饑荒之解放〉

　　民國三十年（1941）三月八日　成都　《新中國日報》
　（社論）

〈充分迎接西洋文化〉　　常燕生

　　民國三十年（1941）三月十四日　成都《新中國日報》

〈抗戰與中國社會思想〉　　馮友蘭

　　民國三十一年（1942）一月七日　昆明　《中央日報》

案：係在「國立西南聯合大學」（社會學會）演講詞（稿）

〈東亞共榮圈的文化問題〉　　　曼　利

　　民國三十一年（1942）四月一日　廣州　《新亞月刊》
六卷四期　頁六〇～

〈論農業文化系統與商業文化系統〉　　　余志宏

　　民國三十四年（1945）三月　福建永安　《社會科學》
一卷一期　頁四五～四八

〈新文化的方向與途徑〉　　　胡　繩

　　民國三十五年（1946）一月一日　上海　《中國建設》
（月刊）　二卷四期　頁三五～三八

〈文化論戰的總清算〉　　　胡一貫

　　民國三十六年（1947）三月十五日　南京　《三民主義
半月刊》　一〇卷一期　頁一四～一七

〈略說中西文化〉　　　熊十力

　　民國三十六年（1947）八月　南京　《學原》（月刊）
一卷四期　頁一～三

〈東西文化雙系發展說發凡〉　　　余精一

　　民國三十六年（1947）九月　南京　《學原》（月刊）
一卷五期　頁五五～七〇　（上）

　　民國三十六年（1947）十月　南京　《學原》（月刊）
一卷六期　頁二八～四七　（下）

〈中國文化之解析與出路〉　　　沈屏溪

　　民國三十七年（1948）七月三十一日　上海　《申論》
（週刊）　二卷二期　頁五～七

　　依上文獻資料窺之，計與「本位文化」相關部分，專書

二種、論文一二〇篇。「中西文化」相關部分，專書六種、論文一〇八篇。在「國立臺灣圖書館」藏，舊期刊（民國三十八年以前刊行者）中，大都經筆者查閱核實，以供方家參考。

四、結　語

二十世紀二〇年代至四〇年代，中國傳統文化，深受歐美物質文明衝擊。在此文化轉型時期，於發展走向上，非但是複雜而多元化，且有非常輝煌璀璨而豐碩富美的成果。

是一階段，在國內學術（思想）界，於文化上形成三種不同派別。諸如：梁漱溟（學衡派，俗稱：復古派）〈國故新知論〉（屬於文化上保守主義派）、陳序經（激進派）〈全盤西化論〉（屬於文化上激進主義派）、張東蓀（折衷派）〈多元文化論〉（屬於文化上自由主義派）。此外，戰國策派〈權力意志論〉（形成於日本侵華時期），乃游離於三派之間。

這些學派，對中國文化之發展，於不同時期，大都產生各別演化作用，暨莫大的推動力量，其影響至深且鉅。尤以激進主義派：陳序經《中國文化的出路》（上海商務印書館出版），引起學術（思想）界莫大轟動，暨極大的震撼，同時展開全國性文化大論戰。

迨二十世紀六〇年代，在臺灣亦曾爆發一場激烈「東西文化」大論戰。李敖於民國五十一年（1962）二月一日，發表〈給談中西文化的人看看病〉一文，昇化成一場「文化」大爭論。關於李敖的文章，誠如：周若木所說「這是陳序經的陰魂不散，『全盤西化病』的復發」，真是「一言中的」也。

　　二十世紀八十年代，中國各地學界亦有人重提「全盤西化」主張，惟與陳序經氏「全盤西化」，其內容並不完全相同。於一九九一年，德國漢學家貝克（Klaus Birk）《現代化與西化》（副題名：中國三十年代中期關於「全盤西化」問題的一場論戰）一書（德文版），於次年（1992）由學者馬川譯成中文出版。

　　自此之後，亦就二十世紀九〇年代，中國各地文教機構，暨學術研究單位，對陳序經氏著作，暨相關資料，進行蒐集、彙整、編輯、出版工作，並掀起陳序經「學術思想研究」熱潮，且獲豐碩的研究成果。陳氏泉下有知，亦足堪告慰矣。

五、參考書目

《中文微捲期刊論文目錄》
　　民國五十四年（1965）五月　臺北　木柵　國立政治大學社會科學資料中心　二冊
《中文史學論文引得》　　余秉權
　　民國六十年（1971）十月　臺北　泰順書局　一冊
《中文史學論文引得續編》　　余秉權
　　民國七十八年（1989）　臺北　宗青圖書出版公司
《人文月刊　雜誌要目索引》
　　民國六十四年（1975）八月　臺北　天一出版社（景印本）　精八冊
《館藏中文期刊人文社會科學論文分類索引》
　　民國六十八年（1979）六月　臺北　國立中央圖書館臺

灣分館　精一冊（十六開本）

《中國文化的出路》　　陳序經

　　民國二十三年（1934）九月　上海　商務印書館　一冊

《東西文化觀》　　陳序經

　　民國六十六年（1977）七月　臺北　牧童出版社　一冊

《中國南北文化觀》　　陳序經

　　民國六十六年（1977）十二月　臺北　牧童出版社

《中國本位文化討論集》

　　民國六十九（1980）三月　臺北　帕米爾書店（景印本）

《文化建設與西化問題討論集》

　　民國六十九年（1980）三月　臺北　帕米爾書店（景印本）

《走出東方～陳序經文化論著輯要》　　楊　深

　　一九九五年七月　北京　中國廣播電視出版社　第一版

《我的父親陳序經》　　陳其津

　　一九九九年十一月　廣州　廣東人民出版社　第一版

《走向世界　全盤西化》　　王會均

　　～陳序經研究～

　　民國八十九年（2000）庚辰十二月　臺北市　手稿本

　　中華民國九十二年（2003）歲次癸未八月一日　　初　稿
　　中華民國九十三年（2004）歲次壬申五月十日　　校補稿
　　　　臺北市：「海南文獻史料研究室」

林纘春：稻作改良功臣

　　林纘春（1909～1988）氏，海南特區樂會縣九曲江鄉（原秉信鄉）石頭村人。生於清宣統元年（己酉）二月，於一九八八年（戊辰）三月一日，因病送醫治療無效，在海口市仙逝，享壽八十歲。

　　林氏農村子弟，家境清寒，於民國九年（1920）庚申，隨父遠赴馬來西亞謀生，始在麻坡市就學，其後再返家鄉續讀中學。民國十九年（1930）以優異成績，考取國立中山大學農學院，其畢業論文，被該校農學院授予「金質獎章」（當年唯一壹枚）。

　　林纘春氏，勤勉好學，致力於海南農業研究，於就讀大學期間曾與瓊籍同學，籌組「國立中山大學瓊崖農業研究會」，並發行出版《瓊農月刊》（計四十八期），呼籲各界積極開發海南農業和礦產資源，加速海南經濟建設，深獲學術界重視與好評。

　　林先達曾任國立中山大學農學院助教、樂會縣中學校長、瓊崖農業養成所所長、海南大學籌備處農業專修班主任、海南農業專科學校校長、海南大學農學院教授兼院長。於民國三十九年（1950）五月，海南易幟後，歷任海南大學農學院副教授，海南行政區農村處科長，海南行政區熱作工程處

科長，海南黎族苗族自治州農村科科長，海南行政區政治協商會議籌備領導小組副組長，海南大學僑聯會顧問，海口市農工黨負責人等職。

林氏熱心發展海南教育事業，曾三次遠渡南洋，親往馬來西亞、新嘉坡等地，發動海外瓊僑援助，深獲教育界及海外僑胞鼎力支持與贊助，先後得以籌辦海南大學、海南農業專科學校，培育農業科技人才，令人萬分感佩。

林續春氏，由於歷史背景因素，民國四十年代，於一九五八年（戊戌），蒙受「右派分子」反革命，遭到批鬥坐牢，被清洗回家，遣返農村下放勞改。其間生活苦不堪言，從無怨天尤人，自暴自棄，乃依然故我，潛心海南農業改良研究，經六年多之科學試驗，終在故鄉九曲江畔，培育「廣南」及「科長」稻種成功。是兩個生長期短、產量高、米質特佳之水稻優良品種，爲發展海南水稻生產，獻力殊偉，深受農學界重視與敬佩，肯定與贊揚，被譽爲：稻作改良功臣。

林先達乃吾瓊著名農學專家，畢生奉獻於海南農業改良與科學試驗，以及教學研究工作。其相關海南開發與農業方面著作甚豐，計有：專書、論文、譯著三部分，特就個人所知，依其年代，分類臚著於次，以供學術界及邦人士子參考。

甲、專書部分

《瓊崖農村》

民國二十四年（1935）六月　廣州市　瓊崖農業研究會（126）面　有圖表　24.5 公分

（瓊崖農業研究會叢書之二）

臺灣：國立臺灣圖書館：421.61/Bd42a

《海南島之產業》

民國三十五年（1946）四月　廣州市　瓊崖農業研究會
（228）面　有圖表　19公分

（瓊崖農業研究會叢書之三）

美圖：史丹福大學圖書館　3073.34/4938

哈佛大學燕京圖書館　3073/3542.44

《農村經濟與合作事業》

民國三十二年（1943）出版（未見藏板）

《瓊崖農村調查》（未見藏板）

《海南島的農業》（未見藏板）

《開發海南與開發糧食生產》（未見藏板）

《開發海南與開辦海南大學》（未見藏板）

《海南大學農業建設的新設想》（未見藏板）

《水稻的生長發育與栽培技術》（未見藏板）

《水稻高產栽培技術》（未完稿）

乙、論文部分

〈珈琲〉

民國二十一年（1932）十二月三十日　廣州市　農聲月
刊　第一六〇期　頁四七～五三

〈救濟今日中國農村經濟的方針〉

民國二十二年（1933）一月三十日　廣州市　農聲月刊
第一六一期　頁一～一三

〈椰子在瓊崖特產作物中之位置及其栽植法〉

民國二十二年（1933）二月二十九日　廣州市　農聲月
刊　第一六二期　頁五一～五六

〈救濟廣東農村經濟應以農產品工業化爲前提〉

　　民國二十二年（1933）五月三十日　廣州市　農聲月刊
　第一六五期　頁三三～三九

〈農村經濟復興及青年的使命〉

　　民國二十二年（1933）九月三十日　廣州市　農聲月刊
　第一六九期　頁二～一五

〈粵絲救濟之目前急策〉

　　民國二十二年（1933）九月三十日　廣州市　農聲月刊
　第一六九期　頁一六～二〇

〈中國農村婦女問題〉

　　民國二十二年（1933）十二月三十日　廣州市　農聲月
　刊　第一七二期　頁二九～三八

〈瓊患何止於黎〉

　　民國二十三年（1934）三月一日　廣州市　瓊農月刊
　創刊號　頁三～七

〈瓊崖農村經濟崩潰中一小農村的實況〉

　　民國二十三年（1934）三月一日　廣州市　瓊農月刊
　創刊號　頁一五～二〇（待續）

　　民國二十三年（1934）四月一日　廣州市　瓊農月刊
　第二期　頁二七～二九（完）。

〈今日之瓊崖〉

　　民國二十三年（1934）四月一日　廣州市　瓊農月刊
　第二期　頁一～三

《土地歸公》

　　民國二十三年（1934）五月一日　廣州市　瓊農月刊

第三期　頁一～二（刊頭）

〈椰子造園法〉

　　民國二十三年（1934）五月一日　廣州市　瓊農月刊
第三期　頁一一～一八

〈復興農村經濟與改革土地制度〉

　　民國二十三年（1934）三月三十日　廣州市　農聲月刊
第一七六、一七七期（合刊）　頁一一～三二

〈大鬧饑荒〉

　　民國二十三年（1934）四月一日　廣州市　瓊農月刊
第四期　頁一～二

〈瓊崖存亡問題〉

　　民國二十三年（1934）七月一日　廣州市　瓊農月刊
第五期　頁一～二（刊頭）

〈自力復興〉

　　民國二十三年（1934）八月一日　廣州市　瓊農月刊
第六期　頁一～二

〈瓊崖考察經過〉

　　民國二十三年（1934）十月一日　廣州市　瓊農月刊
第七～八期（合刊）　頁二～五

　　民國二十三年（1934）十二月三十日　廣州市　農聲月
刊　第一七九～一八〇期（合刊）　頁一〇〇～一〇三

〈化黎問題〉

　　民國二十三年（1934）十一月一日　廣州市　瓊農月刊
第九期　頁一～二（刊頭）

　　　　　　附：瓊崖地勢及考察點略圖

〈生產與推銷〉

民國二十三年（1934）十二月一日　廣州市　瓊農月刊
第十期　頁一～二（刊頭）

〈瓊崖考察記〉

民國二十三年（1934）十一月一日　廣州市　瓊農月刊
第九期　頁二五～二七（一）

民國二十三年（1934）十二月一日　廣州市　瓊農月刊
第十期　頁二七～三〇（二）

民國二十四年（1935）一月一日　廣州市　瓊農月刊
第十一期　頁二二～三〇（三）

民國二十四年（1935）二月一日　廣州市　瓊農月刊
第十二期　頁二四～二六（四）

民國二十四年（1935）四月一日　廣州市　瓊農月刊
第十三～十四期（合刊）　頁二四～二六（五）

民國二十四年（1935）七月一日　廣州市　瓊農月刊
第十七期　頁六～二〇（六）

民國二十四年（1935）八月一日　廣州市　瓊農月刊
第十八期　頁一九～二二（完）

〈廣東食糧問題〉

民國二十三年（1934）十二月十五日　廣州市　三民主
義月刊　第四卷第六期　頁八六～一〇六（未完）

民國二十四年（1935）一月十五日　廣州市　三民主義
月刊　第五卷第一期　頁九六～一〇八（續完）

〈開發瓊崖農業教育〉

民國二十四年（1935）一月一日　廣州市　瓊農月刊

第十一期　頁一～二

〈瓊崖農林實業及教育行政之實施狀況〉

　　民國二十四年（1935）二月二十八日　廣州市　農聲月刊　第一八一～一八二期（合刊），頁一～一〇（各篇自標頁數）

〈瓊崖幾種作物在中國的重要性〉

　　民國二十四年（1935）六月一日　廣州市　瓊農月刊第一五～一六期（合刊）　頁一～二

〈農業推廣在中國的重要性及其狀況〉

　　民國二十四年（1935）七月一日　廣州市　瓊農月刊第十七期　頁一～二

〈農業副業〉

　　民國二十四年（1935）九月一日　廣州市　瓊農月刊第十九期　頁一～五

〈寫在卷首〉

　　民國二十四年（1935）十一月一日　廣州市　瓊農月刊第二〇～二一期（合刊）　頁一～二

〈瓊崖農村經濟～儋崖二縣農村經濟〉

　　民國二十五年（1936）二月一日　廣州市　瓊農月刊第二三～二四期（合刊）　頁一～五

〈對於瓊僑集資開發瓊崖實業有所獻言〉

　　民國二十五年（1936）五月一日　廣州市　瓊農月刊第二五～二七期（合刊）　頁一～二

〈海南島之農業食糧調查〉

　　民國二十五年（1936）六月十五日　上海市　國際貿易

報導　第八卷第六期　頁一五一～一七四

〈籌辦聲中的瓊崖農業學校〉

　　民國二十五年（1936）八月一日　廣州市　瓊農月刊
第二八期　頁五～七

〈瓊崖礦業〉

　　民國二十五年（1936）九月一日　廣州市　瓊農月刊
第二九～三〇期（合刊）　頁一～三

〈開發瓊崖之意見〉

　　民國二十六年（1937）一月一日　廣州市　瓊農月刊
第三二～三五期（合刊）　頁一～六

〈海南島之林業〉

　　民國二十六年（1937）一月一日　廣州市　瓊農月刊
第三二～三五期（合刊）　頁一二～二二

〈從瓊崖之行說到開發瓊崖〉

　　民國二十六年（1937）七月一日　廣州市　瓊農月刊
第三九～四〇期（合刊）　頁一～四

〈開發瓊崖與植棉桐問題〉

　　民國二十六年（1937）九月一日　廣州市　瓊農月刊
第四一～四二期（合刊）　頁一～六

〈合作事業在瓊崖推行之我見〉

　　民國三十六年（1947）四月十六日　廣州市　南方雜誌
第二卷第一期

〈海南島之礦業〉

　　民國三十六年（1947）十二月　南京市　邊事研究　第
五卷第一期　頁二六～三九

丙、譯著部分

〈中國的農家經濟及負債〉　　田中忠夫

　　民國二十一年（1932）十二月三十日　廣州市　農聲月刊　第一六〇期　頁二二～二八

〈胡瓜與茄子之露地早熟栽培〉　　須田文藏

　　民國二十二年（1933）三月三十日　廣州市　農聲月刊　第一六三期　頁二二～三〇

〈蕃茄栽培之實際〉　　岡田千代松

　　民國二十二年（1933）四月三十日　廣州市　農聲月刊　第一六四期　頁六九～七四

〈德國農村婦女問題〉　　美先加爾

　　民國二十二年（1933）七月三十日　廣州市　農聲月刊　第一六六、一六七期（合刊）　頁三五～四一

〈關於農村經濟復興計畫之考察〉　　那須皓

　　民國二十二年（1933）九月三十日　廣州市　農聲月刊　第一六九期　頁三六～五四

〈滿洲農業之收利力與我農業移民〉　　錦織英夫

　　民國二十二年（1933）十二月三十日　廣州市　農聲月刊　第一七二期　頁一〇四～一一七

〈希臘國的土地改革〉　　田邊勝正

　　民國二十三年（1934）三月三十日　廣州市　農聲月刊　第一七五期　頁三九～四九

〈公定米價論〉　　荷見安

　　民國二十三年（1934）八月一日　江蘇鎮江　農村經濟（月刊）　第一卷第十期　頁四七～五〇

〈蠶絲恐慌底對策〉　　門前弘多

民國二十四年（1935）五月三十日　廣州市　農聲月刊
第一八四～一八五期（合刊）　頁一～一四（各篇自標頁數）

綜觀上論，吾人深切體認，林纘春先達以畢生之精力，從事海南開發與農業改良，以及農業教學與試驗研究工作，著名中國，尤其粵瓊，深獲農學界敬重與讚譽。就生平事蹟及著作言之，益顯其才學之淵博，更足以為吾海南後輩之矜式。尤以現存著述豐碩，計有專書三種，論文三十八篇，譯著九篇，約百萬餘言。不僅是農學珍貴文獻遺產，同時亦係研究海南農業問題，不可缺少資源，深值得農學界暨邦人君子重視與珍惜。

朱逸輝《海南名人傳略》（中冊・頁 338～339）、甘先瓊《瓊海縣志》（人物傳・頁 778～779）、楊冠雄《瓊海人物錄》（頁 385），載有事略。

參考資料

《海南文獻資料索引》　　王會均

民國七十六年（1987）十二月　臺北市　文史哲出版社

〈歸僑農學家林纘春〉　　陳漢誠

原刊於《瓊海文史》（華僑專輯）

一九八八年十二月　瓊海縣政協委員會文史資料研委會

中華民國八十年（1991）辛未歲九月十五日　修正
中華民國一〇一年（2012）壬辰十二月六日　校補
臺北市：海南文獻史料研究室

梁大鵬

海南大學靈魂

　　梁大鵬（1911～1997）氏，字雲程，樂會縣（今瓊海市）中原鎮書田村人。清宣統三年（1911）辛亥歲八月三十一日（農曆七月初八日）生，於民國八十六年（1997）丁丑歲，病逝美國舊金山，享壽八十六歲。①

　　注①：

一、王萬福《粵省近代學人藝文志》（頁33）作：民國前十年生，亦就清光緒二十八年（1902）壬寅歲。於民國七十六年（1987）戊寅歲，病逝舊金山，享壽八十三歲。

二、楊冠雄《瓊海人物錄》（頁466）作：梁大鵬（1911～1997），亦就清宣統三年（1911）辛亥生，民國八十六年（1997）戊寅卒。

　　梁大鵬氏，幼年在家鄉啟蒙，後負笈羊城，肄業於廣州嶺南大學附中。民國十九年（1930）庚午，上海復旦大學畢業。同年（1930）赴美留學，入美國密西根大學攻讀政治，民國二十一年（1932）六月獲碩士學位，續入紐約大學深造，民國二十六年（1937）丁丑六月，獲政治學博士學位。

　　梁氏學成返國，適逢「七七」事變，日本入侵，參加抗戰，民國二十六年（1937）九月，在廣州創辦《貫徹評論》半月刊（自任總編輯），宣傳抗日，至民國三十一年（1942）五月停刊。

　　民國二十七年（1938）戊寅，應聘於中央軍校授課。並任國民政府軍事委員會政治部設計委員。民國二十八年（1939）八月至三十年（1941）七月，轉任上海復旦大學政治系教授。民國三十二年（1943）癸未，任英文《字林西報》主筆，並參加國際反侵略會中國分會工作，主編《反侵略》半月刊。

　　民國三十三年（1944）至三十六年（1947）間，任中國國民黨中央海外部秘書，於三十四年（1945）五月至十二月，兼任《自由西報》總編輯。民國三十六年（1947）八月，至三十七年（1948）七月，應聘返粵任國立中山大學政治系教授，同時在廣州組設「南風學社」，並與海南先進陳策、黃珍吾、曾三省、朱潤深、雲照坤、韓漢藩、梁大鵬等十二人，成立「私立海南大學籌備委員會」。

　　　　籌備會主任委員：陳策
　　　　副主任委員：黃珍吾
　　　　總幹事兼總務組長：韓漢藩
　　　　籌募組長：朱潤深
　　　　財務組長：雲照坤
　　　　計劃組長：梁大鵬

　　從諸籌備委員中，以梁大鵬最為積極，亦是唯一肩負重任，與海南大學共始終之靈魂人物。除負責草擬五年發展計

劃外，尚到處聯絡、宣導、募款與交涉，乃海南大學籌創，計劃與經營的功臣。

民國三十六年（1947）十一月，海南大學招生開學，出任副校長（在校長顏任光未到職前）代理校長，主持海南大學校務。顏任光到職後，梁大鵬乃負主要責任。民國三十九年（1950）二月，為請求教育部補助經費及爭取美援飛往臺北活動。旋因政局逆轉，海南易幟，留臺在復興崗政工幹部學校任教授，乃應朱家驊邀請，出任中華民國聯合國同志會秘書長（凡三年）。曾與韓漢英、王俊等人，從事奔走，試圖在臺復校，終以情勢殊異，經費籌措困難未果。民國四十二年（1953）八月，出任國立臺灣大學教授，並任高等考試典試委員會典試委員。

民國四十二年（1953）十月，應邀赴菲律賓國立大學講學，任交換教授。民國四十六年（1957）十月，轉任菲律賓古島中華學校校長。民國四十八年（1959）返臺，於國立政治大學任教授，並主持公共行政與企業管理教育中心（主任），係民國五十一年（1962）七月，與美國密西根大學合作創設。

梁大鵬氏，在臺期間，曾任聯合國文教組織中國委員會執行委員，聯合國協會世界總會亞洲區域會議中國代表，聯合國世界總會歷屆首席代表。民國五十二年（1963）甲辰，先後應美國國務院與夏威夷州合辦東西文化中心，暨史丹福大學胡佛研究所聘為訪問教授。

民國五十三年（1964）秋，赴美國舊金山市定居，受聘舊金山大學教授。民國五十六年（1967），在舊金山市華城

與北岸區經濟發展機構任執行主任，後創設亞美研究所。於民國七十四年（1985）冬起，患上中風，生活不便，幾成癱瘓，臥病多年，在加州公立療養院休養，於民國八十六年（1997）辭世，享年八十六歲。

梁大鵬氏，除任《貫徹評論》（半月刊）、《反侵略》（半月刊）、《自由西報》總編輯。暨組織「瓊崖學社」（南風學社），發行《南方雜誌》外，譯有：

《日本政府》

民國二十年（1931）　上海　民智書局

《日本的發展》

民國二十一年（1932）　上海　商務印書館

《菲律賓政黨發展史》（英文本）

梁氏博士學位論文　民國二十八年（1939）　南華早報本

《菲律賓簡史》（英文本）

《近三十年中國政治發展史》（英文本）

民國四十五年（1956）版

《菲律賓政黨與政治：國家民主經驗的歷史研究》

一九七〇年　美國・舊金山　486 面

按是書係梁氏於執教菲律賓大學數年間，深入研究菲律賓政黨政治，廣泛搜集原始史料，暨接觸政治領袖後，重新改寫博士論文而成。在出版後，甚獲美國學術界好評。

一九七一年再版

《馬加斯之政治話劇》（英文本）

一九七五年　美國・舊金山　17 面

《海南大學創校始末紀》（未見藏本）
《學術講話輯要》
　　係聯合國同志會學術講話會結論，原刊《大陸什誌》，
　　自民國四十二年（1953）至五十年（1961）。
〈菲律賓民主政治的觀察〉
　　民國二十六年（1937）　《是非公論》　42 期
〈憲政是否隨時隨地可以開始〉
　　民國二十六年（1937）　《是非公論》　45、46 期（合刊）
〈評所謂民族政黨〉
　　民國二十七年（1938）　《國是公論》　10 期
〈菲律賓獨立運動之過去與未來〉
　　民國二十八年（1939）九月　重慶《青年中國季刊》
　　創刊號
〈海南大學前後〉
　　民國六十三年（1974）十二月三十日　臺北市《廣東文
　　獻》（季刊）　四卷四期　頁 74～77

　　梁大鵬氏，個性剛毅，富正義感，不畏權勢，不為利誘，
熱心腸，愛國、愛家的知識分子。在性格上相當獨特，最欽
敬人物：復旦大學校長李登輝（1873～1947），嶺南大學校
長鍾榮光，暨南開大學校長張伯苓三人。並深受李校長「身
教」與「行教」影響，不但效法其言行，而且模仿其辦學精
神。諸如：學術研究自由，語文教育著重，責任教育實施。
（蘇雲峰《私立海南大學（1947～1950）》頁 65、頁 100）
　　梁副校長（係海南大學創辦人，董事），學行俱佳，能

力極強，剛正不阿，有為有守，乃青年學子典範。於海南大學創校及開辦階段，犧牲奉獻心力，克服種種困難，奮力規畫經營的心血成果，係一位最熱心，亦是貢獻最大的人物。雖辛勤籌辦海南大學，卻始終任副校長，負實際的行政責任。在代理校長期間，不計毀譽，不辭辛勞，殫精竭慮，耗盡心血，全力以赴，鞠躬盡瘁，其情可欽可敬，其事可歌可泣。是唯一與海南大學共始終的學人，被譽為「海南大學靈魂」，暨「海南大學功臣」人物。

　　徐國定《海大學者》（頁 3～5）、蘇雲峰《私立海南大學》（頁 64～69）、陳俊《海南近代人物誌》（頁 489）、徐友春《民國人物大辭典》（頁 873～874）、朱逸輝《海南名人傳略》（冊上·頁 464～465）、范運晰《瓊籍民國人物傳》（頁 358～359）、楊冠雄《瓊海人物錄》（頁 466～467），皆載有事略。

　　　中華民國一〇一年（2012）壬辰十一月二十二日
　　　　　臺北市：海南文獻史料研究室

吳德耀

獻身教育

　　吳德耀（1916～1994）氏，文昌縣（今名：文昌市）邁號鎮青園村人。民國五年（1916）丙辰歲生，於民國八十三年（1994）甲戌歲四月十七日在臺病逝，享壽七十九歲。①

　　注①：

一、陳俊《海南近代人物誌》（頁 243）作：民國四年
　　（1915）生。

二、朱逸輝《海南名人傳略》（上冊·頁 361）作：1917
　　年（民國六年丁巳歲）生。

三、范運晰《瓊籍民國人物傳》（頁 177）作：1915 年
　　（民國四年乙卯歲）生。

　　吳德耀氏，幼年隨父南渡，旅居馬來西亞，在檳城華僑學校就讀，聰敏勤學，成績優異。鍾靈中學畢業，於民國二十五年（1936）丙子，返國考入金陵大學（今名：南京大學）就學，民國二十九年（1940）庚辰，獲文學士學位。旋赴美國深造，民國三十一年（1942）壬午歲，獲美國費茲堡大學（法律與外交學院）法學碩士學位。續入美國哈佛大學，專攻外交，民國三十五年（1946）丙戌歲，獲政治學博士學位。

民國五十五年（1966）丙午歲，獲美國翰牟敦大學贈頒榮譽博士學位。

吳德耀氏，在美任教，受聘美國麻省理工學院國際政治學研究員，嗣任中國政府駐聯合國代表團秘書，不久受聘任聯合國秘書處秘書。並兼任聯合國兒童急救基金會中國代表，聯合國程序委員會，暨社會計劃委員會主席，於民國三十年（1941）辛巳，應馬來西亞政府邀請，赴馬來西亞考察華僑教育，續而受聘任美國赫德福學院客座教授。民國三十六年（1947）至三十七年（1948）間，參與起草《世界人權宣言》。

民國四十三年（1954）甲午，自美返臺，協助籌辦東海大學建校工作，並任文學院院長。於四十六年（1957）八月代理校長，民國四十七年（1958）八月真除校長。民國六十年（1971）至六十四年（1975）間，受邀聘任新嘉坡大學政治學教授及政治系主任。民國六十四年（1975）至六十九年（1980）間，任南洋大學研究院院長代校長。民國六十九年（1980）至七十年（1981），任新嘉坡國立大學政治學教授。新嘉坡儒家倫理委員會主席，暨東亞哲學研究所理事長兼所長。退休後，曾任星洲《聯合早報》及《晚報》顧問及「客座隨筆」專欄作家。

吳德耀氏，從事教育與研究，於中國傳統文化，有深邃而精闢見識。潛心著作，成果豐贍，其主要著作，分述於次：

《芳吳馬來亞華文教育報告書》

係民國三十年（1941），應馬來西亞政府之邀，考察華僑教育，乃著《芳吳報告書》。

《人與社會》

《東方政治 —— 西方政治》

《國際政治研究》

《中國文化的根源》

《中國的變與恆》

《政治歷史文化古今談》

《列國春秋》

《儒家之道》

《孔子其人與他的教育思想》

《客座隨筆》

　　係吳氏退休後，在新嘉坡《聯合早報》，任專欄作家，每週國際時事評論。

《廿一世紀是誰的？》（吳德耀隨筆評論選）

　　　　　　吳德耀著　　王春煜　周廷婉選編

　　二〇一二年一月　海口市　海南出版社

　　253 面　有彩像圖及表　27 公分（十六開本）

　　（海南風叢書）（第二輯・第五冊）

　　本書係吳氏歷年來，撰著之各種不同題材的隨筆、評論選集。主要內容，計有：海峽兩岸行思錄十八篇、美國之旅八篇、吾觀中華文化三十一篇、談談價值觀九篇、放眼世界二十篇，附錄二三篇。

　　吳德耀氏，終生獻身教育事業，展示其博大思想，暨高尚品格。其道德文章，儒者風範，足堪世人矜式。被稱為「一位謙和而偉大的人」（新嘉坡前總統黃金輝），亦是《海南

一代哲人》（吳德耀教授紀念專輯，新嘉坡海南會館主編）。

　　陳俊《海南近代人物誌》（頁 243）、朱逸輝《海南名人傳略》（冊上・頁 361～362）、吳運秋《文昌鄉情人物錄》（頁 788～789）、范運晰《瓊籍民國人物錄》（頁 177～178），暨王春煜《廿一世紀是誰的？》（附錄篇・頁 235～253），皆載有傳略及事蹟。

　　中華民國一〇一年（2012）壬辰十一月二十二日
　　　　臺北市：海南文獻史料研究室

卷之五 詩 人

本（詩人）卷，計有二篇，約一萬二千餘言。乃追懷詩人：林灝翁，暨王祿松之悼念文。

一為〈詩人：林灝翁生平與著作〉，曾刊於民國九十二年（2003）十月 臺北市 《廣東文獻》（季刊） 第三十一卷第四期 頁三五～三九

二為〈王祿松與詩畫推廣教育〉，分刊於民國一〇〇年（2011）一月 臺北市 《廣東文獻》（季刊） 第三十九卷第一期 頁六三～六七（上）

民國一〇〇年（2011）四月 臺北市 《廣東文獻》（季刊） 頁二五～二八（下）

林灝翁

詩人‧書畫名家

　　林光灝（1909～2003）氏，本名：林斌，邦人及士子尊稱：灝翁，室名：晚香庵，海南瓊山（府城）人，世居海口市。距生於民國前三年（亦就清宣統元年）己酉歲之九月初七日，慟於民國九十二年癸未歲之四月十一日，享壽九秩晉五歲。

　　按：中華民國國民身份證作：民國三年生（相差六歲），
　　　　乃因來臺時，填報戶口資料為手民之誤，今從家譜
　　　　補正之。

　　灝翁天資聰敏，思惟慎密，自幼勤習經史詩文，及長赴廣州深造，自發奮勵，潛心力學。尤其工書善畫，能詩能文，博學多才，深獲士林所敬重矣。

　　民國二十七年（1938），曾在海口市新華南路，創辦《國光日報》，自任社長，極力宣揚「抗日救國」宗旨，喚醒國魂。殊為黨國嘉許，暨邦人君子，益加器重之。

　　林氏心懷壯志，於日寇侵華時期，民心憤慨，未幾海南陷日，乃乘隙突破封鎖線，偷渡瓊州海峽，安抵香港，是本愛國情操，響應政府號召，投筆從戎，踴躍加入「抗日救國」

行列，以實際行動紓展「愛國救亡」壯志。

日軍入侵期間（1938～1945），於海南淪陷後，偷渡香江，加入抗戰陣容，曾參加衡陽會戰、桂都（南寧）會戰，暨越南會戰諸役，奔馳疆地，英勇善戰，冒險犯難，衝鋒陷陣，勇敢前進，屢建奇功，殊獲官兵同聲讚譽。

民國三十四年（1945）乙酉九月，日本無條件投降，隨軍來臺接收。由於復員而退役後，定居南臺灣——高雄，歷任高雄市《大眾晚報》總編輯、高雄市記者公會理事長等職，並開辦《粵光晚報》與印刷廠，爲宣揚中華文化而奮力。

灝翁性耿介熱誠，樂於助人，曾爲友人作保而破產，失去報社與印刷廠，深受嚴重打擊。幸蒙臺籍好友葉廷珪（時任臺南市長）先生垂愛，特親邀入幕，歷任市府秘書、主任秘書等職，並曾代理市長，後調市府顧問。其間賓主融和，殊獲信賴與器重，唯因輔助葉市長競選連任，被國民黨開除黨籍。自此罷官不仕，創辦《南光雜誌》，回歸「文化人」本色。未逮三年，卻因刊登「某特務人員貪污事件」被停刊，並以「莫須有」之罪名，慘遭迫害，移往臺東「靜養」十一年。迨民國八十四年（1995）一月二十八日，總統公布「戒嚴時期人民受損權利回復條例」（84華總（一）義字第○六三七號令公布）後，始獲平反，滌清罪名，恢復清譽。

灝翁才兼文武，文思敏銳，豪情萬丈，且爲人風趣，不拘小節，知交遍宇內，曾與當時藝文界名士于右任、田曼詩、朱玖瑩、朱念慈、朱　珊、李石曾、狄　膺、郎靜山、馬壽華、高逸鴻、張維翰、張穀年、梁寒操、陳定山、陶壽伯、傅狷夫、彭醇士、黃君璧、劉太希、鄭曼青、謝東閔、藍蔭

鼎……等書畫名家，過從頻仍，談畫言詩，以文會友。

　　灝翁書學淵博，早臨柳公權，得力米襄陽，兼研二王等法帖，臨池數十載如一日。尤以「行書」自成一格，超然絕俗，有若行雲流水，灑脫自然，剛柔有致。於臺東歸來後，再度活躍於藝文界，與丁慰慈、丁治盤、王軼猛、成錫軒、李奇茂、李　猷、周　澄、周樹聲、張其昀、歐豪年、梁鼎銘昆仲……等藝術家相交同游，談書道論畫藝，亦係臺灣藝文界一大盛事也。

　　自政府開放國外觀光政策，灝翁更以「書法」周游列國，先後在美國、韓國，暨東南亞諸國舉行書法展覽。尤以冠頂「嵌字」聯語深獲公眾讚揚，有求必應，斐聲藝壇，素有「嶺南才子」與「詩文電腦」之雅譽。於民國八十八年（1999）榮獲美國「世界文化交流協會」，頒發「傑出風雲人物金盃獎」，暨「中華文化復興運動總會」與「中華書畫印藝學會」，頒發「藝壇典範狀」。

　　灝翁除精工墨字外，亦擅長繪畫與詩詞，乃國際著名詩人與書畫家，亦係國內老一輩新聞工作者及文化人。曾任廣東文獻社社務委員、中華學術院詩學研究所研究委員、中華民國詩書畫家協會與世界社中國同志會理事，亦是臺北粥會、甲辰詩書畫會資深委員。其著作甚豐，爰就個人知見者，分別著述於次，以供藝文界人士暨邦人君子查考。

甲、專書部分：計有五種，共九冊。

《晚香庵叢談》（一～四集）

　　民國四十七年（1958）　臺南市　興文齋印行

　　4冊　21公分

《嶺南詩友吟草》（未見藏板）

《東籬野語》（上、下冊）

    民國六十五年（1976）　臺北市　泛美出版社

    2 冊　21 公分

《燼餘拾穗錄詩集》（未見藏板）

《韓遊百詠》（未見藏板）

    乙、論文部分：計有相關著述二十一篇。

    依先賢年代排序，同一人者亦依年次排列，並仿「目片基本格式」著錄，依次：篇名、出刊年月、出刊地、刊名、卷期、頁次、案語等項。

〈明代大儒丘濬幼年故事〉　　林光灝

    民國四十五年（1956）三月　臺北市　《暢流》　第十三卷第二期　頁二～四

〈明代大儒丘瓊山幼年趣事〉　　林光灝

    民國五十五年（1966）三月　臺北市　《藝文誌》　第六期　頁一○～一三

〈丘瓊山詩話〉　　林光灝

    民國六十六年（1977）六月三十日　臺北市　《廣東文獻》（季刊）　第七卷第二期　頁六六～六九

〈明朝第一廉吏海瑞〉　　林光灝

    民國四十八年（1959）六月　臺南市　《文史薈刊》　第一期　頁七三～七七

〈明代廉吏～海瑞〉　　林光灝

    民國六十一年（1972）十二月三十日　臺北市　《廣東文獻》（季刊）　第二卷第四期　頁三三～三七

〈海瑞其人其事〉　　林光灝

　　民國五十五年（1966）八月　臺北市　《暢流》　第三
十三卷第十二期　頁二～五

〈再談海瑞～明朝第一好官海瑞～〉　　林光灝

　　民國七十二年（1983）七月二十二日　臺北市　《丘海
季刊》　第八期　頁一九～二一

〈外交界耆宿之伍廷芳〉　　林光灝

　　民國六十二年（1973）三月三十日　臺北市　《廣東文
獻》（季刊）　第三卷第一期　頁一一〇～一一三

〈記嘉慶黃公度先生〉　　林光灝

　　民國六十二年（1973）六月三十日　臺北市　《廣東文
獻》（季刊）　第三卷第二期　頁五七～五九

〈紀念梁啓超百歲誕辰〉　　林光灝

　　民國六十二年（1973）九月三十日　臺北市　《廣東文
獻》（季刊）　第三卷第三期　頁三一～三六

〈王斧軍先生之生平〉　　林　斌（係林光灝之本名）

　　民國六十三年（1974）三月三十日　臺北市　《廣東文
獻》（季刊）　第四卷第一期　頁七四～七六

〈曾對欣先生「還讀書室詩」〉　　林光灝

　　民國六十三年（1974）十月　臺北市　《海南文獻》　第
五期　頁二五～二六

〈康有爲萬木草堂學風〉　　林光灝

　　民國六十四年（1975）三月三十日　臺北市　《廣東文
獻》（季刊）　第五卷第一期　頁八一～八五

〈康有爲與萬木草堂學風〉　　林　斌

　　民國六十八年（1979）九月三十日　臺北市　《廣東文
獻》（季刊）　第九卷第三期　頁五九～六三

〈卷葹老人張紹芹與嶺南四家詩〉　　林光灝

　　民國六十四年（1975）九月三十日　臺北市　《廣東文
獻》（季刊）　第五卷第三期　頁六八～七三

〈三民主義筆記人黃昌穀先生〉　　林光灝

　　民國六十四年（1975）十二月三十日　臺北市　《廣東
文獻》（季刊）　第五卷第四期　頁五九～六一

〈江霞公太史軼事〉　　林光灝

　　民國六十五年（1976）三月三十日　臺北市　《廣東文
獻》（季刊）　第六卷第一期　頁六七～七一

〈清代第一清官陳璸〉　　林光灝

　　民國六十五年（1976）六月三十日　臺北市　《廣東文
獻》（季刊）　第六卷第二期　頁四八～五三

〈我所知道的陳協之先生〉　　林光灝

　　民國六十五年（1976）九月三十日　臺北市　《廣東文
獻》（季刊）　第六卷第三期　頁三三～三四

〈民國九年前之粵局〉　　林光灝

　　民國六十六年（1977）三月三十日　臺北市　《廣東文
獻》（季刊）　第七卷第一期　頁六七～六九

〈屯門青山禪院及其他〉　　林光灝

　　民國六十八年（1979）六月三十日　臺北市　《廣東文
獻》（季刊）　第九卷第一期　頁三五～三七

　　此外，在臺北市《自立晚報》（自立藝壇），長期刊載

「書畫禪」（專欄）評論文頗多，恕不贅言矣。

　　林夫人關綠茵女史，出身廣東省南海縣望族，南海高師畢業，並留學日本東京女子大學文科。於民國三十七年（1948）在港都：高雄結緣，自是文采切磋、詩詞合賦，因而結爲連理，且鶼鰈情深，夫唱婦隨，相敬如賓，和樂融焉。畢生從事教育，誨人不倦，曾任臺南市中教師三十餘年，退休後受聘世界新專授課，所教之校皆獲師生敬重與讚譽。

　　夫人爲人誠樸豁達，率性坦直，不貪不嗔，勤儉齊家，與公結褵四十餘載，患難相依，甘苦備嘗，憂勞相輔，共度晚景餘年，生活平淡自怡，足堪自慰，惜於民國八十年（1991）底，因疾往生，夫、女與親友，莫無悲傷與哀悼。

　　女林葆華小姐，國立臺灣師範大學美術系畢業、韓國梨花女子大學美術研究所碩士，現任臺北市立美術館副研究員。曾數度應邀前往日本、韓國與東南亞諸國，舉行個人畫展，暨父女書畫聯展，克紹箕裘，堪可告慰先人在天之靈。

　　灝翁年前返瓊探親，擬常住家鄉，惜今（九十二）年（2003）三月，入春未久，居家行走不慎，跌倒骨折，隨送海南省中醫院治療，稍見好轉。二十天後，嗣因心臟病（心肌梗塞）突發，救治妄效，於四月十一日（正午十二時五十八分）溘然仙逝，寧靜安息於九泉。詩人其萎，慟哉！

中華民國九十二年（2003）癸未五月九日

臺北市：海南文獻史料研究室

王祿松

詩歌・繪畫推廣教育

提　要

本篇係從史學（傳記）理念，暨圖書館學（文獻）角度，就國際著名詩人、畫家：王祿松與詩歌藝術推廣教育為主題，作系統化分析，暨綜合性研究，以供海內外詩歌藝術界先進賢達參考。

於文中所討論要點，亦就是本篇探究主旨。其重要內容，計分：行誼、著作、詩歌輔導、畫藝技教四大部分。依年次排列，採內容與體裁兼顧原則，俾構成完整性脈絡體系。

本文具有「傳記」（年表）屬性，兼備「書目」特質。就文獻價值言之，是乃從事王祿松研究者，不可或缺的珍貴史料，殊具詩畫藝術研究參考價值。

關鍵詞：王祿松　詩歌藝術　推廣教育　海南

王祿松氏，乃國際著名的文學作家（新詩詩人），亦係傑出的詩書畫藝術家。

　　王祿松之為人，耿直真誠，豪爽善良，重情重義，無私無我，是為「人中之龍」。

　　王祿松的詩風豪放，詩才雄壯，慷慨激昂，有血有淚，素有「鐵血詩人」之稱。

　　王祿松的畫技，師承名畫家：王舒、文霽，畫藝風格，難分軒輊。並研創新的技法，水彩「渲染畫」（貴在「一鼓作氣，一氣呵成」畫法），暨岩石「質粒法」（完成十五種「色感」效果），技藝：「自成一家」。

　　王祿松氏，終身從事「詩文、書法、繪畫」創作，積極參與各項「詩歌、藝術」活動，全面推廣「詩畫」教育及輔導工作，不遺餘力。其志媲美諸葛武侯（名：亮，字：孔明，諡：忠武）「鞠躬盡瘁，死而後已」矣！

一、行　誼

　　王祿松（1932～2004）氏，筆名：滄海粟，海南文昌縣文教鄉人。於民國二十一年（壬午）五月十六日生（海南儋縣），民國九十三年（甲申）六月二十四日（凌晨一時），在臺北市立萬芳醫院病逝（心臟疾病突發，送院急救妄效），享壽七十有三歲，聞者莫無哀悼。詩人其萎，詩畫流芳，慟哉！

　　王祿松，政工幹部學校（今名：國防大學政治作戰學院）第三期本科班（政治科）畢業，歷任：國軍指導員、輔導長、政治教官、新聞官。先後入政工幹部學校高級班深造，暨革命實踐研究院研究。迨民國五十九年（一九七〇）庚戌，奉准陸軍政戰中校退伍。於軍中服務成績優異，除膺選「模範教官」

外，並榮獲頒受「寶星獎章」二座，暨「忠勤勳章」乙座。

　　民國五十七年（1968）戊申，受知於詩人鍾雷（本名：翟君石），以軍職外調，任《中央月刊》編輯，副總編輯，兼文藝版主編等職，亙達十七載。於民國八十年（1991）辛未歲八月一日，自《中央月刊》社退休，獲頒「勞績卓著」盾牌乙座。社長：陳德仁，並贈（親饌）長詩〈雄飛〉，以表敬意與謝忱。

　　王祿松，畢生獻力於「藝文」活動，曾任「中國文藝協會」理事，「中華民國作家協會」理事兼副秘書長，「中華民國新詩學會」常務理事，《葡萄園》（詩刊）顧問。尤以「中國詩歌藝術學會」創設，不遺餘力，竭功致偉。曾連續十載當選常務理事，並膺任第三屆理事長。

　　王祿松氏，於晚近十年來，對海峽兩岸「詩歌」藝文交流，亦殊有貢獻。緣自民國八十三年（1994）甲戌歲起，積極參與《中國詩歌選》（年度詩選）編委會工作。曾兩度出任《中國詩歌選》（一九九四年版、二○○○年版）主編（編務），工作認真，嚴謹負責，殊獲海內外藝文界肯定與讚譽。

　　王祿松，在「中國詩歌藝術學會」第三屆理事長任內，主辦「兩岸女性詩歌學術研討會」，於民國八十八年（1999）七月四日，假臺北市「國立臺灣師範大學」綜合大樓（國際會議廳）舉行，邀請「中國作家協會」代表團出席，盛況非凡。並與文曉村合編《兩岸女性詩歌三十家》（一九九九年版），民國八十八年（1999）　臺北縣新店市：詩藝文出版社印行本，五二九面　有彩圖　二十一公分（二十五開本），列（詩歌書坊　21）。

　　王祿松，於民國九十三年（2004）甲申歲六月二十三日深夜，與摯友名雕塑家吳彥文（筆名：二曲），從景美溪河堤散步歸來。因與吳氏小孫子逗樂，比賽競跑誰快，返抵木柵路家門，不幸「心臟疾病」突發，竟然坐地不起，未發一言半語，急送臺北市立萬芳醫院救治妄效，延至二十四日凌晨一時，溘然辭世，寧靜安息於九泉。海內外藝文界，突然聞悉惡耗，同感震驚與悲痛矣。

　　茲逢故友祿松（鄉誼、學誼、友誼）逝世五週年，謹誌其生平行誼之大端，以告慰在天英靈，藉申哀悼。一代詩人殞萎，慟哉！

　　陳　俊《海南近代人物誌》（頁 168）、朱逸輝《海南名人傳略》（中冊・頁 178～179）、吳運秋《文昌鄉情人物錄》（頁 731～732）、賴益成《詩豪畫傑人中龍～王祿松先生追思錄》（頁 7～9），俱載有事略。

二、著　作

　　王祿松，緣自民國四十四年（1955）乙未歲肇始，先後榮獲各種獎項，達五十一次（項）之多，乃臺灣詩文壇得獎最多的詩人。其作品已出版者，計有：長短詩集、散文集、詩畫集，就依出版年次，分項著述如次，以供方家查考。

（一）詩集（十五種）

《偉大的母親》（得獎長詩）　王祿松

　　民國四十九年（1960）四月　臺北市：改造出版社
　　（全國徵詩比賽，唯一獲獎詩）

全詩長九百二十行，係二十七歲作品。

《鐵血詩鈔》（得獎短詩集）　　王祿松

　　民國五十年（1961）九月　臺中市：明光出版社

　　全詩集三十七首，係二十五歲至二十八歲作品。

《海的吟草》（短詩集）　　王祿松

　　民國五十年（1961）十月　臺中市：明光出版社

　　全集計收六十三首詩，乃二十七歲至二十八歲作品。

《歸意集》（短詩集）　　王祿松

　　民國五十一年（1962）三月　臺中市：明光出版社

　　全集計收七十六首詩，乃二十七歲至二十八歲作品。

《萬言詩》（得獎長詩）　　王祿松

　　民國五十一年（1962）四月　臺中市：明光出版社

　　全詩五千八百七十四行，乃二十六歲至二十八歲作品。

《光華集》　王祿松

　　民國五十五年（1966）　臺北市：陸軍總司令部

《河山春曉》（得獎長詩）　　王祿松

　　民國五十八年（1969）十月　臺北市：文藝出版社

　　民國五十九年（1970）　臺北市：幼獅文化公司

　　民國六十二年（1973）　臺北市：黎明文化公司

《巨人》（得獎短詩集）　　王祿松

　　民國五十九年（1970）十月　臺北市：陸軍出版社

《狂飆的年代》（得獎短詩集）　　王祿松

　　民國六十四年（1975）　臺北市：水芙蓉出版社

　　全集計收二〇三首詩，係四十歲至四十二歲作品。

《薪膽詩抄》（得獎詩集）　　王祿松

　　民國六十四年（1975），獲第十一屆國軍文藝金像獎第
　　一名，臺北市：《臺灣新生報》連載（係四十三歲作品）。

《風雨中的國魂》（得獎詩集）　　王祿松

　　民國六十七年（1978）八月　臺北市：水芙蓉出版社
　　全集計收四十六首詩，係四十五歲至四十六歲作品。

《梅花志節》（四百行詩）　　王祿松

　　民國六十八年（1979）九月　曾獲「國家文藝獎」

《西洋情詩選》（譯詩）　　王祿松

　　民國六十八年（1979）　臺北市：水芙蓉出版社

《情絲》（新詩集）　　王祿松

　　民國八十四年（1995）九月　北京市：團結出版社

《情人的花語》　　王祿松

　　民國九十一年（2002）二月　臺北市：禹臨圖書公司

《王祿松短詩選》（中英對照）　　王祿松著　陳玉麟譯

　　民國九十一年（2002）　香港：銀河出版社
　　（臺灣詩叢系列　17）張　默編
　　（中外現代詩名家集萃）

《蘚苔小語：王祿松散文詩》　　王祿松

　　民國九十六年（2007）二月　新北市：詩藝文出版社

（二）散文集（八種）

《飛向海湄》（得獎散文集）　　王祿松

　　民國六十三年（1974）一月　臺北市：水芙蓉出版社
　　民國七十五年（1986）十一月　臺北市：星光出版社
　　（雙子星叢書　446）

《讀月小品》　　　王祿松

　　　民國六十五年（1976）三月　　臺北市：水芙蓉出版社

　　　民國六十七年（1978）三月　　臺北市：水芙蓉出版社

　　　（水芙蓉書庫　55）

《生命的投影》（專欄散文集）　　　王祿松

　　　民國六十六年（1977）十二月　　臺北市：水芙蓉出版社

　　　（水芙蓉書庫　112）

　　　民國七十年（1981）　臺北市：水芙蓉出版社　八版

《化做蝴蝶》（專欄散文集）　　　王祿松

　　　民國六十九年（1980）九月　　臺北市：水芙蓉出版社八版

　　　（水芙蓉書庫　172）

《須彌芥子》（專欄散文集）　　　王祿松

　　　民國七十年（1981）六月　　臺北市：水芙蓉出版社

《長願水東流》（專欄散文集）　　　王祿松

　　　民國七十二年（1983）二月　　臺北市：水芙蓉出版社

　　　（水芙蓉書庫　231）

《吉光片語》（專欄散文集）　　　王祿松

　　　民國七十三年（1984）八月　　臺北市：水芙蓉出版社

《放飛古典》（古典文學）　　　王祿松

　　　民國八十八年（1999）二月　　新北市：詩藝文出版社

　　　（經典書坊　1）

（三）詩畫集（一○種）

《讀虹》（新詩水彩畫集）　　　王祿松

　　　民國七十一年（1982）七月　　臺北市：義裕文化公司

　　　全集計收詩三十首、水彩畫三十幅，係五十歲作品。

《讀雲》（新詩水彩畫集）　　王祿松

　　民國七十五年（1986）三月　　臺北市：星光出版社

　　　　（雙子星叢書　401）

　　全集共收詩四十首、畫四十幅、畫論一百則，係五十一

歲至五十四歲作品。

《讀雪》（畫論水彩畫輯）　　王祿松

　　民國七十七年（1988）十一月　　刊本（未見藏板）

《讀山》（新詩水彩畫集）　　王祿松

　　民國七十九年（1990）四月　　臺北市：二曲藝術公司

　　全集收新詩三十三首，水彩畫三十四幅、畫論七十則，

係五十八歲作品。

《唯愛》（新詩水彩畫集）　　王祿松

　　民國八十二年（1993）八月　　臺北市：文史哲出版社

　　　　（文學叢刊　42）

《讀月》（詩畫集）　　王祿松

　　民國八十三年（1994）九月　　臺北市：葡萄園詩刊社

《放飛明月》（詩畫集）　　王祿松

　　民國八十七年（1998）　　臺北市：詩藝文出版社

　　　　（休閒書坊　1）

《讀海》（詩畫集）　　王祿松

　　民國八十九年（2000）八月　　臺北市：文史哲出版社

　　本《讀海》集，係書籤型小詩畫集（微小型橫本）。

《唯緣》（詩畫集）　　王祿松

　　民國九十一年（2002）　　刊本（未見藏版）

《讀星》（詩畫集）　　王祿松

　　民國九十二年（2003）　刊本（未見藏板）

三、詩歌輔導

　　夫「詩歌輔導」者，係指文壇（藝文界），舉辦各項「詩歌」活動，暨推廣「詩學」教育工作而言。

　　王祿松氏，畢生從事藝文活動，暨「詩歌」教育推廣輔導工作。曾被選任「中國文藝協會」理事，「中華民國作家協會」理事兼副秘書長，「中華民國新詩學會」常務理事，暨《葡萄園詩刊》顧問。於「中國詩歌藝術學會」籌創，不遺餘力，獻力致偉。曾連續十年當選常務理事，並膺任第三屆理事長。對臺灣「詩歌」輔導教育，極為熱心，亦殊有貢獻耶。

　　王祿松氏，近三十年來，除被聘任為「評審委員」、「講評人」、「主持人」，暨「詩歌朗誦」外，更被各機關學校聘任為輔導老師，或講師（講座）、主講人。分舉如次，以供查考。

　　民國六十三年（1974）甲寅，任華岡（文化學院）詩歌朗誦隊「導誦」老師。

　　民國六十六年（1977）丁巳，任東吳大學詩歌社「指導老師」。

　　民國七十五年（1986）丙寅四月，應聘為中國文藝協會，文藝研習會「講席」。

　　民國七十七年（1988）戊辰，應聘為中國文藝協會，巡迴文藝座談會「主講」。暨行政院文化建設委員會，文藝創作研習班「講席」，主題〈詩畫散步〉（二月三日）。

　　民國七十八年（1989）己巳六月，受聘為中國文藝協會，

青年文藝研習會「講席」。

民國七十九年（1990）庚午歲二月，應聘爲香港大學，暨世界華文詩人協會合辦，香港政府教育署協辦〈現代詩及散文創作文憑課程〉客座「講師」。

民國八十二年（1993）癸酉，應邀爲空軍總司令部「國軍文藝金像獎創作」輔導演講（二月二十六日）。

受聘爲國軍八十二年新文藝分區座談會，花蓮地區「輔導老師」（三月三十一日）。

民國八十三年（1994）甲戌歲三月九日，受聘爲臺北市金甌女子高級中學，詩歌朗誦班「指導老師」。六月二十七日，應聘續任詩歌朗誦社「指導老師」。

同年（1994）三月十一日，受聘爲臺灣軍管區新文藝「輔導老師」。暨憲兵司令部，新文藝「輔導老師」（三月十七日）。

同歲（甲戌）三月二十七日，應中華民國新詩學會邀請，於「第十一次學術研討會」演講，主題〈詩的美學〉，經國防部採爲三軍詩學「輔導教材」。

民國八十六年（1997）丁丑歲三月二十五日，受任新文藝運動「輔導委員」，飛往金門地區輔導、演講及座談。

同年（1997）十月三十一日，葡萄園詩刊社三十五周年研討會，邀任〈專題報告〉「講評人」。

民國八十七年（1998）戊寅歲三月四日，應聘爲中國文藝協會「新詩講習班」，以〈詩的美學〉作「專題演講」。

同年（1998）三月十四日，應聘爲憲兵司令部新文藝「輔導委員」。

民國九十二年（2003）癸未歲五月，在陽明山青村，爲

國軍新文藝運動，擔任〈新詩創作〉「輔導」工作。

　　王祿松氏，於晚近十年來，對海峽兩岸「詩歌」文化交流，亦殊有貢獻。緣自民國八十三年（1994）開始，便積極參與《中國詩歌選》（年度詩選）編委會工作，曾兩度出任主編（一九九四年版、二〇〇〇年版）。於「中國詩歌藝術學會」第三屆理事長任內，又與文曉村合編《兩岸女性詩歌三十家》，主辦「兩岸女性詩歌學術研討會」，工作認真，嚴謹負責，榮獲海內外藝文界肯定與讚譽矣。

四、畫藝技教

　　夫「畫藝技教」者，係指繪畫理念的傳承，技法的傳授，暨繪畫藝術（亦即：美學）推廣教育工作而言。

　　王祿松氏，於中年之後，新詩創作餘暇，重拾畫筆。並師承名畫家：王舒、文霽習渲染與寫生，畫藝風格，難分軒輊，更光大「水彩渲染畫」（貴在「一鼓作氣，一氣呵成」畫藝），暨研創「岩石質粒法」，並完成了一十五種「色感」效果，是堪稱「自成一家」新技法。

　　王祿松氏，是位多產的水彩畫家。其繪畫作品，數以萬計，被收藏者，不勝枚舉。於國內外受邀展出活動外，並熱心從事「繪畫藝術」的推廣教育工作。諸列其要者如次，以供「繪畫藝術」界先進賢達查考。

　　民國七十二年（1983）癸亥歲，在臺北市開封街，設「繪畫班」開始授徒。

　　民國七十四年（1985）乙丑歲，香港好友：藍海文，專程

來臺，習「渲染畫」，相聚三天，日夕鑽研，盡得其技法也。

　　同歲（乙丑）應聘為中國文藝協會（文藝研習會），暨長青才藝教學中心，「繪畫班」教師。

　　民國七十五年（1986）丙寅歲八月，臺北市銘傳女子商業專科學校，應聘為「西畫社」指導老師。

　　民國七十八年（1989）己巳歲九月，受聘為韓國美術界訪華團，作「繪畫」專題演講。主題〈共醉煙雲〉，由韓國留華碩士李哲先生任現場口譯。

　　民國七十九年（1990）庚午歲四月十七日，韓國國家有功者藝術協會來臺訪問，受聘作專題演講，講題〈胸中海嶽夢中飛〉，談「中國畫的境界」。

　　同歲（庚午）十一月，受聘為臺北市文山區民眾活動中心「繪畫班」教師。暨續任中國文藝協會「繪畫班」、新店教師「繪畫班」老師。

　　民國八十年（1991）辛未歲一月，續聘為中國文藝協會「繪畫班」、臺北市民生路「繪畫班」、臺北市文山區「繪畫班」、臺北縣新店市「繪畫班」教師。

　　同歲（辛未）十月二十二日，門生莊雲惠為其籌置「家庭教室」一棟，開始授課以傳畫藝。

　　民國八十一年（1992）壬申歲三月一日，續聘為中國文藝協會「繪畫班」、臺北市文山區「繪畫班」、臺北市民生路「繪畫班」，暨臺北縣新店市「繪畫班」教師。

　　民國八十二年（1993）癸酉歲九月一日，受聘為臺北市金甌女中十二個班級「美術課」教師。

　　同歲（癸酉）十月一日，應聘為臺北市金甌女子中學「教師繪畫班」教師。

　　民國八十三年（1994）甲戌歲六月二十七日，辭卸金甌女中十二個班級「美術課」老師。

　　本年度續任美術教學之班次，計有：金甌女中教師班及學生自選班、文山班、文協班、社子班、新店班，暨夜間部等「繪畫班」教師。

　　民國八十六年（1997）丁丑歲，續任繪畫教學，計有：文山「繪畫班」、讀月「繪畫班」、新店「繪畫班」、文協「繪畫班」、撫遠街「繪畫班」、寫生「繪畫班」教師。

　　民國八十七年（1998）戊寅歲，續任繪畫教學老師，每週計有五個班次。

　　王祿松氏，早年習畫，即向其師宣稱，志在淨化、美化、強化人生，且必推而廣之。於十數年繪畫教學期間，漸見諸友生：張佾寶、莊雲惠、簡鳳月、黃美雲、陳瑞西、謝孟蓁、邱秀玲、張金花、杜鎮遠、江怡慧、董依雯、凌玲君、江華容、蔡凱宇、藍海文（著名詩人、王氏好友），皆著有成就，卓有績效，人文崛起，引爲至樂，亦與有榮焉。

　　從王祿松氏：人品、詩才、畫風窺之，王祿松氏，真不愧是「詩豪‧畫傑‧人中龍」（鍾鼎文：追悼文，收在賴益成編《詩豪畫傑人中龍‧王祿松先生追思錄》頁一四～一五）。

　　就王祿松氏：對臺灣詩歌藝術推廣輔導教育言之，王祿松氏，教學嚴謹，認真負責，盡心盡力。其志足資媲美諸葛武侯（名：亮，字：孔明，諡：忠武）「鞠躬盡瘁，死而後已」矣！

中華民國九十八年（2009）己丑歲中秋

臺北市：和怡書屋

卷之六　藝　術

　　本（藝術）卷，計收三篇，約二萬餘言。其中：

　　一、〈甲骨文・書法藝術家〉，乃追憶“故友馮學炎兄”悼念文。於民國九十六年（2007）十月，臺北市《廣東文獻》（季刊），第三十五卷第四期，頁17～24（上），暨民國九十七（2008）一月，在《廣東文獻》（季刊），第三十六卷第一期頁24～27（下），相續刊載。

　　二、〈陳顯棟：意象畫大師〉一文，於民國一〇一年（2012）壬辰十一月底脫稿，尚未發表。

　　三、〈新加坡瓊籍藝術家〉（李德莊其人及畫），於民國八十四年（1995）十月十四日，在《中央日報》（長河版）發表。暨民國九十一年（2002）十月，在《廣東文獻》（季刊），第三十卷第四期（頁56～63）刊載。

馮學炎

甲骨文・書法藝術家

　　民國九十五年（2006）丙戌歲五月十五日，接獲治喪委員會郵送訃聞，驚悉噩耗，宇內識者，同感哀悼。

　　余悵然良久，深慨「世事無常，人生苦短」，唯願老友，一路好走吧！

　　桃園書畫藝術界人士，擇於五月二十日（農曆四月二十三日）星期六上午八時二十分，在中壢市「大愛生命紀念館」（仁愛廳）舉行公祭（溫馨隆重告別式），為一位「甲骨文・書法藝術家」送行，以示無限的哀悼及追思矣。

　　憶！⋯⋯

　　民國三十七年（1948）戊子七月，余自陽江故鄉，到嘉積姑母家（姑丈黎卓仁，時任瓊東縣長），住溪頭「禹甸園」，準備報考「廣東省立瓊崖中學」，有幸被錄取就讀。當時嘉積鎮內青少年學子，大都熟稔有所交游，是為相識馮學炎之始也。

　　民國三十九年（1950）庚寅四月下旬，海南相續易幟，由於形勢逼迫，余等隨軍轉進萬寧大洲島，同乘海軍「登陸艇」（一一三號）。於五月三日安抵基隆港，晚坐貨運火車，

次晨到達「中壢國小」，男女分居各聚一間教室，等候辦理入臺手續。是段時間，生活萬分辛苦，大家互助、互知、互惜、互勉！

民國四十年（1951）辛卯一月，二哥王會選自「臺灣省警察學校」畢業後，分發高雄市警察局服務。余原由表舅黃明日（時任「臺灣省工礦公司」管理師兼秘書）介入「臺灣省公產管理審議委員會」工作，並暫住臺北市金山街府第。時感無力繼續升學，莫若習得一技之長，表舅亦深表贊同。乃由表哥盧遜介入桃園「大秦紡織公司」，在保全部學習紡織機械維修技術。其時居住桃園的鄉親頗眾，尤以王萬福（時任桃園縣黨部一組組長）家，更爲相熟。馮學炎氏（係王氏小舅），時介入「臺灣省北區車輛動員委員會」第五大隊（大隊長林建安上校、分隊長陳育群上尉，俱海南鄉親）服務，過從甚密，相知更深矣。

民國四十五年（1956）丙申，馮氏轉任「中壢市民眾服務站」專員。次年（1957）丁酉八月，吾考取「政工幹部學校」專科部七期政治科。迨民國四十八年（1959）己亥十月畢業，分發預訓部新兵訓練中心服務。在校期間，曾回桃園、中壢，拜訪鄉親與好友，時與馮氏相互勉勵之。

一、家　世

馮氏，出於姬姓，係周文王（姬昌）第十五子畢公高之後①。故源流久遠，緣自黃帝，乃天子之後裔也。

馮氏，源於黃帝，系承姬姓，望出杜城、長樂、始平、

潁川、上黨、京兆、弘農、河間，就《元和姓纂》、《萬姓統譜》、《姓氏考略》、《郡望百家姓》，暨相關文獻史料，綜著於次，以供方家查考。

杜城：古地名，本名杜原，秦置杜縣，在今陝西省西安市東南。鄭國大夫馮簡子之後（見《姓氏考略》載）。

馮簡子，春秋時代，鄭國大夫，能斷大事，時子產爲政，凡通問於諸侯，必告簡子使斷之，始作判定。

長樂：北魏及隋代之長樂郡，在今河北省冀縣一帶。唐代置長樂郡，在今福建省閩侯縣。宜都侯馮　參之後（見《元和姓纂》載）。

馮　參（奉世四子），字叔平，西漢（俗稱：前漢）人。通《尙書》，少爲黃門郎給事，宿衛十餘年，以嚴見憚。漢竟寧年（33B・C・）間（歲次戊子），以王舅出補渭陵食官令。於漢成帝永始（16～13B・C・）年中，超遷代郡太守，以邊郡道遠，徙安定太守，數歲病免。尋復爲諫議大夫，封宜鄉（都）侯。

始平：晉武帝泰始三年（267）丁亥，置始平郡。相當於今陝西省咸陽、興平縣一帶。秦末，韓國上黨太守馮亭之後（見《萬姓統譜》載）。

馮　亭，戰國時代，韓國上黨太守。秦攻上黨，絕太行道，韓不能守，亭乃入上黨於趙（都邯鄲，今河北省邯鄲縣）。趙封爲華陽君，與趙將趙括拒秦，戰死長平。

潁川：秦王政十七年（230B・C・）辛未，置潁川郡（今河南省許昌縣一帶）。漢征西大將軍馮異之後（見《元和姓纂》、《姓氏考略》載）。

馮　異（～34B・C・）氏，字公孫，東（後）漢・潁川郡父城人。嗜學，通《左氏春秋》、《孫子兵法》。漢末與父城長共城守爲王莽拒漢，後屬光武爲主簿，隨漢光武帝進軍河北，任偏將，累拜孟津將軍，封陽夏侯，於建武十年（34B・C・）甲午歲卒，諡：節。異爲人謙虛，逢功退讓，路上與各將相遇，立刻引軍讓道。於諸將並坐論功，常獨屛樹下，人稱「大樹將軍」。

上黨：戰國時代，韓國（都城：新鄭、陽翟，今河南省新鄭縣、禹縣）初置上黨郡，秦滅韓後因之，相當於今山西省沁水縣以東地區。漢代左將軍馮奉世之後（見《元和姓纂》、《姓氏考略》載）。

馮奉世，字子明，漢・上黨郡潞城人，徙杜陵。於昭帝時，補武安長，失官，年三十餘矣。乃學習《春秋》，涉大義，善長兵法。漢宣帝（73～49B・C・）時，以衛侯使持節使大宛，遂以便宜發兵擊敗莎車國，威振西域。帝悅，遂任爲光祿大夫、水衡都尉，尋遷右將軍典屬國。漢元帝永光年（43～39B・C・）間，以擊破隴西羌有功，賜爵關內侯。四子各通一經，馮野王《詩經》、馮逡《易經》、馮立《春秋》、馮參《尙書》。

京兆：係首都直隸轄區，相當於今陝西省西安市以東至華縣一帶。燕王馮弘（多作：馮宏）之後（見《元和姓纂》、《姓氏考略》載）。

馮　弘（馮跋弟），字文通，北朝燕國人。初封中山公，跋死，弘殺跋子翼自立，年號太興（431～436），僭位六年。爲魏所伐，東奔高句麗，居二年被殺，諡：昭成。然北燕，

緣自馮跋，稱號：至弘，二世凡二十八年而滅矣。

弘農：漢武帝元鼎四年（113B・C・）戊辰，置弘農郡，治所在今河南省靈寶縣北。西魏寧州刺史馮寧之後（見《元和姓纂》、《姓氏考略》載）。

馮　寧，南北朝時代，北朝・西魏（自535～556年，都：長安，今陝西省西安市）人，官寧州刺史。

案：寧州，今甘肅省寧縣。

河間：漢代置河間郡，在今河北省中部（河間縣）一帶。唐・監察御史馮師古之後（見《元和姓纂》、《姓氏考略》載）。

馮師古，唐人，官監察御史。

馮姓係中原旺族，其宗支繁多，分佈亦廣，逐向全國各省地播遷。尤以南方之福建、廣東一帶，大都有其宗人族親。然馮氏渡海入瓊（今海南省）始祖，緣自南朝梁國高涼太守馮寶（北燕國馮跋後代）之孫馮盎耶。

馮　盎，字明遠，乃馮寶（高涼太守）、冼英（譙國夫人）之孫，唐・高州良德人。少有武略，隋文帝開皇年間為宋康令，後授金紫光祿大夫。隋末五州獠叛，盎擊平之，拜漢陽太守，從隋煬帝伐遼東，遷左衛大將軍。隋亡，奔還嶺表，略以嶺南番禺、蒼梧、珠崖地歸降於唐。唐高祖李淵折地，分置高、羅、春、白、儋、崖、林、振八州，任馮盎為總管。於唐太宗貞觀年間，累平洞寇，陟封吳國公、越國公、耿國公，卒贈左騎衛大將軍、荊州都督。拜子智戴為春州刺史，智彧為東合州刺史②。

海南之儋、崖、振三州，隸屬馮盎管轄地區。於是馮氏

族人遷瓊越來越多，且子孫世襲海南地方首領與要職。於隋唐時代，馮氏家族在海南，大都保有統領地位，暨強大勢力。

　　明宣宗宣德年（1426～1435）間，在瓊山縣陶公山（今雲龍鎮）下耕地，挖掘一穴唐代塋塚，內中一方石碣上，刻有「大唐賜紫金魚袋馮公之墓，翰林學士李吉甫撰文」。由於後人研判，此乃馮寶之子孫墓，於是在海南，大多數姓「馮」族人，都認定係馮寶、馮盎之後裔者也③。

　　馮學炎氏，源出名門（通經堂）之後，乃嘉積望族，世代蕃衍，代有傳人，著有成就。依其世代，分述如次，以供查考。

　　先祖：馮華茂（～1914），字對三。清末優貢生，授徐聞儒學教諭，代理知縣。民國肇立後，隱居溪仔街，築「望海樓」，讀書自娛，好學不倦。曾謄抄丘文莊《大學衍義補》全書，以教學子。民國三年（1914）甲寅間，與世長辭矣。有子四：國熊、國詮、國崧、國梓。④

　　長子：馮子驊，譜名：國熊，又名：國駿，華茂長子。清末貢生，為邑中紳士。幼承家學淵源，國學基礎精湛，且擅長書法。民國二十二年（1933）癸酉，曾任嘉積鎮鎮長二年。於民國二十八年（1939）己卯四月，日軍佔領嘉積，避亂於樂會，病逝坡頭村（今瓊海市溫泉鎮）。⑤

　　次子：馮子騮，譜名：國詮，華茂次子，早殤。

　　三子：馮國崧，華茂三子，事略未詳。

　　先君：馮子騏（～1945），譜名：國梓，華茂四子，學炎之父。稟性聰穎，剛毅忠貞，曾任陸軍中尉，乃一愛國軍人。早年在軍中從事無線電工作，民國二十七年（1938）戊

寅冬月，日寇南侵，廣州失守，取道返鄉探母，因時急迫，
無法趕回部隊服勤。次歲（1939）己卯四月，嘉積亦相繼陷
敵，乃毅然響應政府號召，自行燬家，攜母帶妻及子，進入
樂會黃竹白石嶺山區參加游擊活動，並任樂會縣政府諮議，
不避險阻，莫辭勞瘁，而與敵偽週旋。迨民國三十四年（1945）
乙酉歲七月間，被日軍圍襲，不幸與妻王氏，於游擊基地山
區，慘遭日寇殺害，殉職成仁（葬於葵昌園，有碑），時年
僅四十，正值英年，識者莫無深表哀悼矣。同歲（乙酉）十
月，抗戰勝利後，樂會縣長陳有良氏，曾賜文表揚忠貞，褒
為「義民」。遺子：馮學炎（王氏出）⑥。

　　原配：王氏，務農，家世小康。性賢淑孝悌，相夫教子，
鄉里稱頌。於民國三十四年（1945）乙酉歲七月間，不幸與
夫（子騏），慘遭日寇殺害，時年僅三十五歲。

　　臺一代：子騏之子，馮學炎氏，遷臺始祖也。

　　馮學炎（1929～2006），字春雨、號文軒，祖籍海南瓊
東縣（今瓊海市）嘉積鎮溪仔街。瓊東縣立簡易師範學校畢
業，曾在嘉積鎮立小學，暨東路中學任職。來臺後，初在臺
灣省北區車輛動員委員會第五大隊服務，續在桃園縣中壢市
民眾服務站任專員，股長退休。並為《中央日報》、《東方
日報》、《中華日報》特約記者（陳俊《海南近代人物誌》
續編，頁五三〇，載有事略）。

　　鄭秀珠（1938～），學炎之妻，於民國二十七年（戊寅）
十二月五日生。初中畢業，賢淑能幹，勤儉持家，相夫教子，
無怨無悔。育：二子、一女，各有成就。

　　臺二代：學炎之子，馮業誠、馮業達，女馮琬婷。

　　馮業誠（1965～），學炎長子，於民國五十四年（乙巳）三月十一日生。國立清華大學工業工程與管理學研究所碩士，現任：裕隆汽車公司研發工程師。

　　馮業達（1966～），學炎次子，於民國五十五年（丙午）九月八日生。南華大學管理科學研究所碩士，現任公職人員。

　　顏淑華（1968～），業達之妻，於民國五十七年（戊申）十一月十九日生。南華大學中文研究所碩士，現任大學教師。

　　馮琬婷（1970～），譜名：馮業玫，學炎之女，於民國五十九年（庚戌）十一月十九日生。文化大學家政學系畢業，教師檢定及格，中原大學教育行政研究所（在職進修）碩士。現任：桃園縣立龍興國民中學教師、資料組組長。

　　臺三代：學炎孫女，業達之女，馮上琘。

　　馮上琘（1998～），業達之女，於民國八十七年（戊寅）六月二十五日生，現就讀國民中學。

　　注①：據《通志‧氏族‧以國為氏》載「西元前十一世紀，武王（姬發）克商後，文王第十五子畢公高，初封畢，繼封馮城（今河南省滎陽縣西）」。其後代以封邑為姓，稱馮氏。於春秋時代，鄭國（都新鄭，今河南）大夫馮簡子之後裔也。

　　注②：後晉‧劉昫《舊唐書》（卷一百九‧列傳第五十九），有傳。

　　注③：李贄《康熙　瓊山縣志》（卷之九‧雜　志‧塚墓）、王國憲《民國　瓊山縣志》（卷之十三‧古蹟志‧塚墓），皆載有「馮公墓」條，並注案語。

注④：李遜漢《瓊東縣志續編增補資料》（第八篇・人物・
　　　列傳・頁二二〇），載有事略。

注⑤：李遜漢《瓊東縣志續編增補資料》（第八篇・人物・
　　　列傳・頁二二〇～二二一），載有事略。

注⑥：李遜漢《瓊東縣志續編增補資料》（第八篇・人物・
　　　列傳・頁二二九），載有事略。

二、生　平

　　馮學炎（1929～2006）氏，字春雨，號文軒，海南特區
瓊東縣（今南海省瓊海市）嘉積鎮（溪仔）人。距生於民國
十八年（己巳）七月二十三日（農曆五月十五日），卒於民
國九十五年（丙戌）五月三日（農曆四月初六日）丑時，享
壽七秩晉八歲。

　　馮學炎氏，幼承庭訓，勤勉好學，於瓊東簡易師範學校
畢業。少年加入三民主義青年團，後經王萬福先生薦介，參
加中國國民黨。民國二十八年（1939）己卯歲二月，日軍侵
陷海南，全瓊遭被戰禍。其父乃挈家人參與游擊戰，在樂會
黃竹一帶，過著艱苦生活。於抗戰末期，不幸父母雙親被敵
偽殺害。

　　民國三十四年（1945）乙酉歲九月，抗戰勝利，海南重
光。馮學炎氏，重返故里，曾任職嘉積鎮國民小學老師，暨
私立東路中學職員、瓊東縣教育科科員。迨民國三十九年
（1950）庚寅四月間，海南易幟，由於形勢逼迫，乃隨政府
遷臺。初期在臺灣省北區車輛動員委員會第五大隊服務，並

任《中央日報》、《東方日報》、《中華日報》特約記者。

　　民國四十五年（1956）丙申，轉任中國國民黨桃園縣中壢市黨部專任幹事（中壢市民眾服務站專員），從事地方基層工作，爲社會人群服務，間奉調革命實踐研究院（深造）結業。對基層黨務活動盡職，曾於民國六十二年（1973）、六十四年（1975）、六十六年（1977）、六十八年（1979），四度當選示範小組長，並獲中央及省、縣黨部，多次表揚與嘉獎。迨民國七十三年（1984）甲子歲，奉核以股長退休。

三、作　品

　　馮學炎氏於退休後，更致力蒐集先賢諸家鐘銘文、金文古鑑釋錄。勤習甲骨文、銘文（金文）書法技巧，及其繪畫藝術，以美化人生，充實休閒生活。並積極參與諸社團，暨書畫作品參展活動。曾任桃園縣書法學會常務監事、理事，中華民國丘海學會理事、編輯委員，中華甲骨文學會、中國標準草書學會、中國藝術協會、中華藝文交流協會委員。

　　馮氏之書畫作品，多次受邀參加國內外交流展，曾獲日本國際大日本書藝院特選數次，加拿大楓葉獎、中國國際文學藝術作品博覽會評鑑書法特別等級作品、馬尼拉中華逸吟神墨詩書畫國際文化金獎。並入選北京當代書畫藝術名家菁英大典、中國當代書畫藝術名鑑、世界華人書畫、澳門國際書畫交流展、紀念甲骨文發現一百週年大展、北京天安門中國歷史館展。

　　馮學炎氏，甲骨文、草書，選爲安徽歪泉碑林，寧夏銀

川、劭安毛澤東圖書館永久珍藏。其獲獎殊榮，遍及寰宇，諸如：臺灣、日本、大韓民國、新加坡、菲律賓，暨中國、法國、美國，名揚於國際耶。

　　馮學炎氏，早年曾任《中央日報》、《東方日報》、《中華日報》特約記者，除諸報發表「報導」外，尚著有相關「海南」與「書法」之專文，概分：「序跋」、「史地」、「藝術」類目，並依：篇名、出刊時地、刊名、卷期、頁次、案語之序，分項著述於次，以供方家查考。

（一）序　跋

〈臨「集契集」序〉

　　民國八十二年（1993）十二月　臺北市　《丘海季刊》第三十七期　頁四五～五二

（二）史地類

〈本縣名勝古蹟摘記〉

　　案：收在《瓊東縣志續編增補資料》（第九篇・藝文・頁二六七～二六八）

〈海南古跡 ── 海瑞陵園參觀記〉

　　民國八十三年（1994）五月　臺北市　《丘海季刊》　第三十八期　頁五三～五九

〈海南風光〉

　　民國八十六年（1997）十二月　臺北市　《丘海會刊》第一期　頁二九～三〇

〈東坡先生日月長〉　　**文軒**（馮學炎・號：文軒）

　　民國八十三年（1994）十一月　臺北市　《丘海季刊》第三十九、四十期（合刊）　頁三四～三六

附：宋・蘇軾〈寒食帖〉（書法真蹟）

〈海南名勝・東坡書院〉

民國八十七年（1998）十二月　臺北市　《丘海會刊》
第三期　頁五五～五七

案：創會二十週年紀念特輯

（三）藝　術

〈甲骨文書法的探討〉

民國八十三年（1994）十一月　臺北市　《丘海季刊》
第三十九、四十期（合刊）　頁二二～二八

附：馮學炎「甲骨文」書法真蹟五頁

〈子犯和鐘銘文書法探討〉

民國八十五年（1996）九月　臺北市　《廣東文獻》（季
刊）　第二十六卷第三期　頁一八～二四

附：馮學炎「鐘銘文」書法真蹟八幀

〈上古文字探源〉

民國八十五年（1996）十二月　臺北市　《丘海季刊》
第四十六、四十七期（合刊）　頁三七～四二

附：馮學炎「青銅器銘文」書法真蹟三頁

〈古璽書法藝術的欣賞〉

民國八十七年（1998）七月　臺北市　《丘海會刊》第
二期　頁五四～五五

結　語

馮學炎氏，爲人耿直爽快，數十年來，始終如一，克勤

克儉，立身行己，擇善而學，抉義而居，優人之愛，急人之急，心地仁厚，莫與人爭，更不與世爭。平生淡泊灑脫，個性光風霽月，殊具士紳君子「溫文儒雅」風範，足資後人矜式矣。

　　馮學炎氏，素以「俯仰庶幾無愧於心」自期，終致遐齡，壽終正寢，是乃一生「善德」之大「福報」也。

　　文軒兄與余，相識半世紀，相知亦深。於今老友溘然仙逝，寧靜安息於九泉。茲謹述其生平行誼之大端，以慰在天英靈，藉申哀思與悼念。故人其萎，慟哉！

參考文獻資料

《舊唐書》　　後晉・劉　昫等修
　　民國六十七年（1978）九月　臺北市　鼎文書局　新校本（第四冊）

《瓊東縣志續編增補資料》　　李遴漢等纂輯
　　民國七十三年（1984）十月　臺北市　瓊東縣志續編增補資料委員會（主任委員李遴漢）　精乙冊

《元和姓纂》　　唐・林　寶撰
　　臺北市　臺灣商務印書館　影印本（文淵閣四庫全書本）　精裝（第八九〇冊）

《姓解》（三卷）　　宋・邵　思纂　古逸叢書本
　　民國五十四年（1965）　臺北市　臺灣商務印書館（叢書集成本）

《萬姓統譜》　　明・凌迪知纂

　　民國六十年（1971）　臺北市　新興書局　影印本（汲古閣藏板）　第一冊

《姓氏考略》　　陳延煒撰

　　民國二十六年（1937）　上海市　上海商務印書館

《中國姓氏集》　　鄧獻鯨編

　　民國六十年（1971）十月　臺北市　至大圖書公司

《中國人名大辭典》　　臧勵龢編

　　民國六十一年（1972）四月　臺北市　臺灣商務印書館　臺五版

《中國百家姓解說辭典》

　　民國七十四年（1985）二月　臺北市　新文豐出版公司

《姓氏簡介》　　朱則奎編

　　民國八十年（1991）九月　臺北市　三民書局經售

《姓氏詞典》　　王萬邦編

　　一九九一年十二月　鄭州市　河南人民出版社

《中國姓氏辭典》　　陳明遠　汪宋虎編

　　一九九五年一月　北京市　北京出版社

中華民國九十五年（2006）丙戌歲七月一日　完稿

臺北市：海南文獻史料研究室

陳顯棟

詩象畫大師

　　陳顯棟（1930～）氏，詩象畫大師。於民國十九年（1930）庚午歲，在海南省澄邁縣（文於鄉坡邁村）生，今定居新北市中和區。

　　陳顯棟氏，幼年在鄉啓蒙，接受私塾教育。民國二十七年（1938）戊寅，入長安小學就讀。民國三十年（1941）辛巳，中日戰爭爆發，海南淪陷，隨親渡海逃難，於廣東曲江、湖南宜章、江西尋烏等地。民國三十二年（1943）癸未，在廣東曲江「東湘小學」畢業。民國三十四年（1945）乙酉，日本投降返回海南，入澄邁縣立中學就讀三年畢業。於民國三十七年（1948）戊子，考入縣立澄邁高中就讀。民國三十八年（1949）己丑，投入駐在海南的國軍陣容，任美工官，負責文宣事宜，並隨軍（207 師）轉進來臺。民國四十二年（1953）癸巳，考取政工幹部學校美術系（第三期業科班），於民國五十七年（1968）戊申，再進復興崗政治作戰學校藝術系，補修二年學程（分），教育部改發藝術系文憑，完成大學教育。

　　陳氏是位熱血青年，在海南投入軍旅，任美工官負責文

宣，隨軍轉進臺灣。考取政工幹校（在北投復興崗），第三
期業科班（美術系），民國四十三年（1954）畢業，分發海
軍任美工官（十三年），並兼任臺灣省立馬公中學美術老師
（三年）、高雄市立七中美術老師（三年），海青中學美術
老師（三年）。

　　民國五十七年（1968）戊申，奉准自軍中退伍。次年（1969）
己酉，受聘臺北市立西松國中美術老師（前後七年）並受聘
兼任臺北市大誠高中美術老師（前後七年）。民國六十四年
（1975）乙卯，受聘專任臺北市立實踐國中美術老師（十六
年）。於民國七十八年（1989）己巳，自教職退休，潛心從
事繪畫創作。

　　陳顯棟氏，於一九九〇年代，逐漸確立「詩象畫」風格，
獨樹一幟，描繪大自然的抽象語言，並充滿人性親切感，深
具抒情詩意，暨東方哲學精神。創發「藍色、黃色、紅色、
綠色」系列作品。在二〇〇三年，由於哀親之悲痛，伊始恣
意揮灑，宣洩內心情感，出現「灰色」系列畫作。其變化多
端的造形能力，充分發揮色彩表現力的才華，加上肌理極豐
富與細膩，使得他的「詩象畫」，於臺灣任何抽象畫家，更
抒情而富詩意，神秘爛漫而殊具東方美學精神。尤其難能可
貴者，於耄耋之年，其造形、色彩，卻深具年輕的蓬勃朝氣，
暨澎湃活力，是在臺灣抽象畫壇極少見的（麥青龕〈陳顯棟
與他的詩象畫〉有載）。不但是臺灣著名藝術家，更係「詩
象畫」大師。期待有更多撼動人心，暨隱寓性神來之筆，驚
世巨構，輝耀宇內抽象畫壇，譽為國際大師。

畫　集

《陳顯棟畫選》（第一集）
　　民國七十九年（1990）刊本
《陳顯棟畫選》（第二集）
　　民國八十六年（1997）刊本
　　案：副題名「大自然的抽象語言」
《陳顯棟畫選》（第三集）
　　民國九十二年（2003）刊本
《陳顯棟畫選》（第四集）
　　民國九十五年（2006）刊本
《陳顯棟畫選》（第五集）
　　民國九十六年（2007）刊本
《陳顯棟畫選》（第六集）
　　民國九十七年（2008）刊本
《陳顯棟》（專輯）
　　民國九十八年（2009）刊本
　　（臺灣名家美術）

獲　獎

民國四十五年（1956）丙申歲
　　參加澎湖縣美術比賽，作品〈通樑風光〉，獲西畫類第
　一名。

民國八十八年（1999）己卯歲

　　應邀參加中國第九屆全國美展，獲頒優等獎。

民國九十三年（2004）甲申歲

　　應邀參加中國第十屆全國美展，入選優秀作品。

民國九十八年（2009）己丑歲

　　應邀參加中國第十一屆全國美展，入選優秀作品。

畫　會

民國四十五年（1956）丙申歲

　　在澎湖馬公，成立「潮風畫會」，會員有：莊東、謝榕菁、陳俊州、鄭時光、陳顯棟等人。

民國四十七年（1958）戊戌歲

　　成立「四海畫會」，成員計有：陳顯棟、孫瑛、胡奇中、曲本樂、馮鐘睿、楊志芳等人。

民國五十一年（1962）壬寅歲，被勒令解散。

民國四十九年（1960）庚子歲

　　成立「南部友聯畫會」，於高雄新聞報畫廊聯展，參展畫家：孫瑛、謝茂樹、吳露芳、楊志芳、許耀智、黃潮湖、李元佳、蕭勤、曾培堯、霍學剛、陳顯棟，暨外籍人士比卓‧卡兒代拉民。

民國六十九年（1980）庚申歲

　　參加「中國畫學會」

聯 展

民國四十七年（1958）戊戌歲

　　成立「四海畫會」，並在臺北、高雄聯展。

民國四十八年（1959）己亥歲

　　四海畫會，假臺北、高雄兩地聯展。

民國四十九年（1960）庚子歲

　　南部友聯畫會，假高雄新聞報藝廊聯展。

民國五十年（1961）辛丑歲

　　參加巴西聖保羅雙年展。

　　參加高雄新聞報畫廊聯展，參展畫家：孫瑛、曾培堯、
　沈哲哉、張炳堂、許耀智、陳顯棟。

民國五十一年（1962）壬寅歲

　　參加長風畫會聯展，假臺灣省立博物館舉行。參展畫
　家，計有：蕭仁徵、莊世和、陳甲上、曲本樂、吳鼎藩、
　孫　瑛、文　霽、黃歌川、趙淑敏、陳顯棟等人。

民國八十年（1991）辛未歲

　　應邀參加臺北生活藝術空間名家聯展。

民國八十一年（1992）壬申歲

　　應邀參加臺北好來藝術中心名家聯展。

民國八十二年（1993）癸酉歲

　　應邀參加臺北金典畫廊中外名家聯展，暨應邀參加海南
　省海內外名家聯展。

民國八十三年（1994）甲戌歲

　　參加中華民國「首屆畫展博覽會」展出。

民國八十四年（1995）乙亥歲

　　參加臺北飛元藝術中心名家聯展，暨國父紀念館（中山畫廊）名家聯展。

民國八十五年（1996）丙子歲

　　參加臺中現代畫廊中堅輩畫家聯展，暨臺北國際畫展博覽會展出。

民國八十六年（1997）丁丑歲

　　參加萬應藝術中心聯展。

　　應邀參加中國文化部主辦「中國油畫大展」（現代油畫藝術展），假上海劉海栗美術館舉行。

民國八十八年（1999）己卯歲

　　應邀參加中國第九屆全國美展。

民國八十九年（2000）庚辰歲

　　應邀參加日本亞細亞美術交流展，假東京上野美術館，暨中國南京博物館聯展。

民國九十二年（2003）癸未歲

　　獲特邀代表臺灣藝術家，參加北京首屆國際雙年展。

民國九十三年（2004）甲申歲

　　應邀參加中國第十屆全國美展。

民國九十四年（2005）乙酉歲

　　應邀參加北京第二屆國際雙年展

民國九十七年（2008）戊子歲

　　獲邀參加中國北京第三屆國際雙年展：彩色與奧林匹克

民國九十八年（2009）己丑歲

應邀參加中國第十一屆全國美展

個　展

民國七十四年（1985）乙丑歲

　　復出畫壇，在臺北市美國文化中心首展。

民國八十年（1991）辛未歲

　　臺北市有熊氏藝術中心，舉行個展。

民國八十二年（1993）癸酉歲

　　臺北市有熊氏藝術中心，二次個展。

民國八十六年（1997）丁丑歲

　　應國立中央圖書館臺灣分館邀請，在一樓畫廊個展。

民國八十七年（1998）戊寅歲

　　假臺北市大自然美學藝術中心，舉行個展。

民國八十八年（1999）己卯歲

　　臺北市大自然美學藝術中心，二次個展。

民國八十九年（2000）庚辰歲

　　臺北市大自然美學藝術中心，三次個展。

民國九十四年（2005）乙酉歲

　　臺北市 99 藝術中心，陳顯棟個展。

民國九十五年（2006）丙戌歲

　　臺北市 99 藝術中心，陳顯棟 2006 個展。

民國九十六年（2007）丁亥歲

　　臺北市 99 藝術中心，陳顯棟個展。

民國九十七年（2008）戊子歲

　　臺灣著名油畫家陳顯棟八十回顧展

　　　　個展：北京市・中國美術館

　　　　　　　　　　（陳顯棟畫展　八十回顧展）

　　　　　　中國・上海市美術館

　　　　　　海南省・海口市・美麗道畫苑

民國九十八年（2009）己丑歲

　　臺北市 99 藝術中心，陳顯棟個展。

美　教

　　陳顯棟氏，除軍中任美工官外，於美術推廣教育，暨藝術交流活動，獻力亦多，諸如：

民國四十四年（1955）乙未歲

　　澎湖海軍軍區任美工官，兼任臺灣省立馬公中學美術教師（前後三年）。

民國五十二年（1963）癸丑歲

　　兼任高雄市立七中，美術教師（前後三年）。

民國五十四年（1965）乙己歲

　　任海青中學，美術教師（前後三年）。

民國五十八年（1969）己酉歲

　　奉准退伍後，受聘臺北市立西松國中美術教師（前後七年）。

民國五十九年（1970）庚戌歲

　　受聘兼任臺北市大誠高中教師（前後七年）

民國六十四年（1975）乙卯歲

受聘專任臺北市立實踐國中美術教師十六年,於民國七
十八年(1989)自教職退休。

民國七十五年(1986)丙寅歲

首度遊歷中國大陸,考察古藝術文明。

民國八十一年(1992)壬申歲

赴中國四川、海南等地,考察少數民族原始藝術。

民國八十三年(1994)甲戌歲

應邀赴海南大學藝術學院講學,暨赴海南考察研究黎族
原始文化。

民國八十五年(1996)丙子歲

赴雲南研究考察少數民族文化藝術。

民國九十二年(2003)癸未歲

受聘北京徐悲鴻藝術學院客座教授

受聘海南大學藝術系客座教授

應聘擔任海南省美術家協會顧問

民國九十三年(2004)甲申歲

應邀擔任澳門特區政府文化局視覺藝術評審

民國九十五年(2006)丙戌歲

應邀擔任海南省師範學院藝術系客座教授

民國九十七年(2008)戊子歲

廣州美術學院現代繪畫講座

綜合言之,陳顯棟氏,繪畫生涯,曲折坎坷,逾折逾奮,
沉潛鑽研近二十載。技法創新,精湛博大,主詩象畫,抽象
語言,富人性親切感,暨東方美學精神。年逾耄耋,老當益

壯，誠寄祝福，健康快樂！

參考文獻書目

《陳顯棟畫選》（大自然的抽象語言）
　　民國八十六年（1997）六月刊本
《臺灣名家美術・陳顯棟》（專輯）
　　民國九十八年（2009）八月刊本

中華民國一〇一年（2012）壬辰十一月二十六日
臺北市：海南文獻史料研究室

李德莊

新嘉坡頑童藝術家

　　李德莊先生，祖籍海南文昌，西元一九五三年（歲次癸巳）生於新嘉坡（俗稱：星洲）。乃星馬地區瓊籍傑出青年畫家，亦係國際著名藝術家。

　　李先生天資聰敏，率真豪爽，活潑淘氣，又喜愛戲弄人，自謔「小頑童」，由於自幼在鄉間長大，崇尚大自然，海濱河畔，蟹蚌魚蝦，是童年天地，海闊天空，山林水泉，乃畫家搖籃，於是種下畫緣的慧根。

　　據悉「你這樣畫法，我就給你鴨蛋！」（老師說），李先生就讀初中二年級，於美術課「靜物寫生」時，班上同學皆遵照老師指示，安心地在作畫，只有那「小頑童」，偏要從不同角度來描繪，因他認為人人皆照著畫，所描繪出作品，必然大同小異，唯他要「與眾不同，標新立異。」結果，他難免被美術老師大罵一頓。

　　一九七〇年於南洋美術專科學院畢業，並進入新嘉坡海港局服務，其工作地點就在海邊，於是童年舢舨、漁夫，而與斯時時相接觸之駁船、碼頭工人，在他腦海中，連成一片綴滿感情的風景。昔日美術課堂裡，帶有「叛逆性」小頑童，

以其一貫「詭譎」作風，大膽地採用中國畫筆法，西洋畫佈局，再融和自己豐富感情，使一幅幅海港景色，繪成「中西」揉合而獨創新格的畫作。

德莊先生從事藝術創作，其心路歷程，係「由西向東，再走出傳統」，「來自生活，走入生活中」，「放眼國際，尋找立足點」。並具有「地方性」（本土化）、「民族性」（生活化）、「國際性」（世界化）。他認爲「顏色是氣氛，宛如人之膚色、妝扮，構圖是骨骼，思想內容是表面見不到的血液。」這就是李德莊先生，賦予畫作一個「人格化」的全貌。

李先生擅長「彩墨」、「膠彩」、「油畫」，暨「綜合媒介拼貼畫」。其畫風怪異而與眾不同，他的作品具有穩健的素描根基，敢於突破傳統，並以東方的水墨技巧，融合西洋水彩的畫理，創出一種國畫的新風格。

李德莊先生的畫作，大略地概分爲：禪骨、水滸、天涯三大系列，尤以水滸系列作品，著名於世，備受讚賞。

（一）禪骨系列：利用最簡練的筆法，去描繪心中直覺體驗過的景物。其畫面祇用黑色，並留下大片空白，對於景物言，雖只是簡單數筆的描繪，唯卻能表現出作畫對象的實質精神。於「畫面是漣漪微起的水面上，獨自蕩漾著一葉扁舟」，而喚起那『無邊無際，怡然自得』，不隨著社會時尙之「禪」的感覺。

（二）水滸系列：係描繪駁船、海港、碼頭，暨辛勞困苦工人的情景，強調動態和氣氛之營造。以濃焦墨描繪干骨，而後補上色彩。於作畫過程中，紙面與紙背均著色，力求色

調協和，層次和質感的表達，同時亦揉合陽剛與陰柔之美。

這系列作品，曾獲美國紐約 IAC 所主辦「國際美術比賽」的傑出表現獎。其作品之一〈荊途〉，亦曾獲新嘉坡大華銀行主辦「全國美術比賽」中國畫組首獎。

按水滸系列與梁山泊故事無關，唯因與『水』有緣，於海港局任職期間，日夕接觸駁船、碼頭，暨辛勞困苦工人，因而自然產生深厚感情，兼具悲天憫人的性格，其作品自是情景交融，率真自性，而邁進一種超然境界。

（三）天涯系列：係描繪心中直覺體驗過遼闊天涯的景象，有純墨色富有禪的作品，亦有以山色為主的水滸景觀。是系列作品，在八〇年代初期創作，從原先的藍與黑的色調，逐漸轉向藍與紅的世界，迨九〇年代初期，則轉向藍與青的調子，用色更加豐富，同時亦特別強調層次和質感表達。在線條、題材、結構和主題的顯現方面，亦互相揉合了禪骨與水滸的部分特色。於是系列作品，除以彩墨創作外，亦採用膠彩、油畫和綜合媒體來進行創作。

此外，近作小型抽象油畫系列，其色彩組合變化，更令人格外喜歡。觸筆充滿力度與速度感，使作品產生無形的張力，這正是令觀眾感到共鳴和產生喜悅之所在，而耐人尋味。

李德莊先生獨具特色的作品，貴在創新與求變，尤其強調動態與氣氛。於各系列的創作中，諸如：〈禪骨〉、〈遠山含笑〉、〈新天涯〉、〈春到河畔〉（以節慶為題材）。尤以晚近的〈新水滸〉（係以海港駁船及碼頭工人為題材）系列（成名）作品：〈風景〉、〈新水滸〉、〈碼頭景色〉、〈晚風〉，最為特殊而獲新嘉坡、美國（國際比賽）美術創

作傑出獎。同時受委繪製油畫〈不夜港〉，暨彩墨畫〈進步成長〉，深受新嘉坡第一副總理王鼎昌先生，暨前總理李光耀先生喜愛與讚賞而贈予珍藏，獲致殊榮。

李先生乃目前國際藝壇傑出畫家，自一九六九年至今，於新嘉坡、泰國（曼谷）、法國（巴黎）、美國（紐約、舊金山）、荷蘭（阿姆斯特丹）、韓國（漢城）、日本（福岡）、中華民國等國及香港地區，參加五十多場次聯展，以及十數次個展，備受國際畫壇肯定與重視。

李德莊先生，於一九九四年（十月十八日至二十九日），應國立中央圖書館臺灣分館邀請（配合光輝十月：臺灣光復節），在臺北市臺灣分館展示廳，舉行「新嘉坡・李德莊畫展」，深受國內繪壇人士佳評，盛況非凡。

國立中央圖書館臺灣分館，為配合建館八十週年館慶，暨「海南暨南海學術研討會」，特再度敦邀李先生於一九九五年十月十六日至二十一日，假一樓大廳舉行「新嘉坡・李德莊畫展」，展出最新作品五十餘件，轟動一時，殊受國內藝壇人士讚賞。

綜觀李氏十多年來，其畫作曾多次獲獎，並為國外各大公私機構，暨國際藝術界人士，廣泛收藏。於是顯示，當年「小頑童」，就今星洲藝壇「怪傑」。在創作（色調）歷程中，由「藍」與「黑」，轉「藍」與「紅」，再向「藍」與「青」，持續不斷地勇往直前，永不止境地求新求變，尤以不同階段，追尋不同造詣，更佳表現，期求藝術創作最高峰。

李德莊先生年表

一九五三年：生於新嘉坡（俗稱：星洲），乃瓊僑（祖籍海南文昌）第二代傑出畫家。

一九六九年：學生時代，獲選參加新嘉坡工藝學院主辦「當地畫家美展」。

一九七〇年：南洋美術專科學院（西畫：水彩）畢業，並考入新嘉坡海港局服務，歷任：市場部副經理、經理。

一九七八年：獲選參加新嘉坡國家博物館和前文化部主辦「七八年藝術聯展」。

一九八〇年：獲選參加新嘉坡國家博物館和前文化部主辦首屆「五人青年美展」。並由新嘉坡藝術協會、中華美術研究會和南洋美專校友會聯合主辦，於新嘉坡希爾頓大酒店舉行首次「個人畫展」。

一九八一年：由泰國李氏宗親會暨海南會館主辦，在曼谷京華銀行舉行第二次「個人畫展」。新嘉坡文化部頒發「美術創作獎章」，獲獎作品〈風景〉（水墨畫）。

一九八四年：〈新水滸〉畫作，榮獲新嘉坡大華銀行主辦「全國美術比賽」中國畫組首獎（評判團成員：香港藝術館總館長譚志成、馬來西亞美術協會副主席楊錦林等藝壇名畫家）。

受委繪製作品十二幀（以十二種不同類型之貨輪業務操作為體裁），作為新嘉坡海港局當年月曆，原畫作現為該局珍藏。

一九八五年：由新嘉坡純藝畫廊主辦，於國家博物館舉行第三次「個人畫展」。

一九八六年：應邀參加法國巴黎大皇宮，舉行「國際沙龍聯展」。並在香港置地廣場畫廊，舉行第四次「個人畫展」。

一九八七年：新水滸系列：碼頭景色（膠彩及綜合媒介畫），榮獲新嘉坡交通部與新聞部主辦「全國美術比賽」傑出表現獎。

受委繪製油畫〈不夜港〉，贈送新嘉坡第一副總理王鼎昌先生珍藏。

獲選參加由新嘉坡國家博物館主辦「本世紀新嘉坡畫」聯展。

美國紐約第五十七國際畫廊邀請，參加「國際聯展」（唯一參展之華裔畫家），展出時間長達一個月。

一九八八年：新水滸系列：〈晚風〉作品，榮獲美國紐約 IAC 主辦「國際美術比賽」〈卓越成就證書〉（評選團包括美國紐約京華博物館、威尼美術館、美國藝術月刊（編輯）以及畫評家）。

應邀參加臺灣省博物館主辦「首屆亞洲聯盟」美展。

應邀參加美國紐約第五十七畫廊主辦「雙人現代彩墨畫」聯展（與中國上海畫家：陳家泠），展期長達一個月。

由新嘉坡藝術協會、中華美術研究會、現代畫會，暨南洋美術專科學院聯辦，在國家博物館畫廊，舉行第五次「個人畫展」。

一九八九年：應邀參加荷蘭阿姆斯特丹多本博物館，舉辦「現代繪畫國際聯展」。

　　應邀參加美國舊金山：美洲亞洲藝術學會主辦「國際聯展」。

　　一九九○年：作品〈新天涯〉、〈新水滸〉，獲選刊載於《新嘉坡畫家自述》（此係新嘉坡首次出版之大型精美美術專輯）。

　　獲選參加新嘉坡國家博物館畫廊主辦「二十五年新嘉坡繪畫」聯展。

　　一九九一年：受委繪製〈進步成長〉（彩墨畫），贈予新嘉坡內閣資政（前總理）李光耀先生珍藏。

　　一九九二年：畫作〈新水滸〉，獲選由法國巴黎《世界藝術專輯》出版「二十世紀藝術大師」精美明信片。

　　一九九三年：應邀參加在韓國漢城舉行「亞細安美術招待展」，暨日本福岡博物館舉辦「亞洲聯盟美展」。

　　一九九四年：應國立中央圖書館臺灣分館（配合光輝十月：臺灣光復節）邀請，舉行「新嘉坡‧李德莊畫展」（十月十八日至二十九日）。

　　一九九五年：應邀參加新嘉坡博物院國家畫廊主辦「第十屆亞洲國際美展」。

　　榮獲新嘉坡藝術協會，頒發「陳之初博士美術獎」。

　　應國立中央圖書館臺灣分館（配合建館八十週年館慶）邀請，舉行「新嘉坡‧李德莊畫展」（十月十六日至二十一日）。受委繪製題名〈海闊天空〉一幅，贈送臺北長榮集團總裁張榮發先生珍藏。

　　一九九六年：應香港中僑藝廊邀請，舉行「李德莊個展」（五月十日至二十六日）

應臺北市中正紀念堂邀請，假「懷恩藝廊」，舉行「李德莊個人畫展」（七月二十日至二十四日）

一九九七年：應香港中文大學邀請，舉行「李德莊個人畫展」（六月）

一九九八年：應邀在臺北市長流畫廊，舉行「李德莊個人畫展」（四月）

李德莊畫評相關資料檢索

<李德莊的新風格>　　　李少儒

一九八一年五月四日　泰國曼谷　中華日報　第十三版　　附<遠山含笑>

<水邊風情畫>（李德莊個人畫展）　　　漢　心

一九八八年七月二十七日　新嘉坡　聯合早報　藝苑（第八版）　　附<晚風>（彩墨畫）

<藍與紅的告白>（李德莊的畫之旅）　　　白金成

一九八八年七月二十七日　新嘉坡　聯合晚報　龍門陣（第二〇版）

<在國際美術賽中：李德莊獲頒卓越成就證書>

一九八八年十二月二十二日　新嘉坡　聯合晚報　第一版　　附<新水滸系列>作品乙幀

<叛逆的「頑童」‧新嘉坡瓊籍畫家李德莊>　　　王會均

一九九五年十月十四日　臺北市　中央日報　長河（第十九版）

〈**物我兩忘‧喜悅自在**〉（寫在李德莊水滸天涯系列畫展前）

蘇　量

　　一九九六年五月十七日（星期五）　香港　明報藝廊

　　　　附〈水滸系列〉作品三幀

　　一九九六年五月十九日（星期日）　香港　新晚報

　　　　附〈水滸、天涯系列〉作品二幀

〈**畫家‧水墨潑出西畫韻致**〉　　**紀碩鳴**

　　一九九七年六月十六日～二十二日　香港　亞洲週刊

頁六八（人物剪影）

　　　　附〈水滸系列〉作品一幀

〈**德莊的繪畫**〉　　**符致珊**

　　按：出刊時間、地點、刊名、版（頁）次，尚待查考。

撰者專著

一、海南文獻叢刊

海南文獻資料簡介
　　民國七十二年　臺北市　文史哲出版社
海南文獻資料索引
　　民國七十七年　臺北市　文史哲出版社
日文海南資料綜錄
　　民國八十二年　臺北市　文史哲出版社
海南方志資料綜錄
　　民國八十三年　臺北市　文史哲出版社
走向世界　全盤西化：陳序經
　　民國九十五年　新北市　國立臺灣圖書館
南海諸島史料綜錄
　　民國九十八年　臺北市　文史哲出版社
海南王曰琪公次支系譜
　　民國九十九年　臺北市　文史哲出版社
海　瑞：明廉吏　海青天
　　民國一〇〇年　臺北市　文史哲出版社
海南方志探究　（上下冊）
　　民國一〇一年　臺北市　文史哲出版社

海南文化人

民國一○二年　臺北市　文史哲出版社

白玉蟾：學貫百家　書畫雙絕

民國一○二年　臺北市　文史哲出版社

海南建置沿革史

民國一○二年　臺北市　文史哲出版社

羅門・蓉子：點線面

民國七十八年　臺北市　手稿本

王祿松：詩畫家　點線面

民國九十三年　臺北市　手稿本

半完稿待梓者

丘濬：神童・賢輔・宗師（風格、勛業，待完稿）

海南作家與作品（建卡完）

海南公文書類綜錄（尙待抄稿）

海南戲曲（緒言、結語）

陸官校：海南校友錄（資料完備尙待抄稿）

海南文獻知見錄（1950 年後、中國出版品）

海南文獻待訪錄（佚書錄）

海南文獻史料綜錄（增補本）

歷代瓊人著述書錄（待抄稿）

廣東文獻：海南史料通檢（半完稿）

海南文史評論集（結集中）

二、和怡書屋叢刊

公共行政書錄

　　民國六十八年二月　臺北市　手稿本

中華民國企業管理資料總錄

　　民國六十八年　臺北市　哈佛企業管理顧問公司　精裝
　　（十六開本）

公文寫作指南

　　民國七十二年　臺北市　文史哲出版社

縮影圖書資料管理

　　民國七十二年　臺北市　文史哲出版社

視聽資料管理：縮影研究

　　民國七十四年　臺北市　文史哲出版社

縮影資訊系統研究

　　民國七十七年　臺北市　文史哲出版社

同文合體字

　　民國一〇一年　臺北市　文史哲出版社
　　　　半完稿

廣東八大先賢綜傳（半完稿・各人年表）

和怡書屋文集（輯印中）